_____ 님의 소중한 미래를 위해
이 책을 드립니다.

오르는
주식을
사들이는
차트매매법

황족의 한 권으로 끝내는 차트투자

오르는
주식을
사들이는
차트매매법

황족 지음

메이트북스

메이트북스 우리는 책이 독자를 위한 것임을 잊지 않는다.
우리는 독자의 꿈을 사랑하고,
그 꿈이 실현될 수 있는 도구를 세상에 내놓는다.

오르는 주식을 사들이는 차트매매법

초판 1쇄 발행 2022년 2월 15일 | **초판 4쇄 발행** 2022년 4월 15일 | **지은이** 황족
펴낸곳 ㈜원앤원콘텐츠그룹 | **펴낸이** 강현규 · 정영훈
책임편집 안정연 | **편집** 박은지 · 남수정 | **디자인** 최정아
마케팅 김형진 · 서정윤 · 차승환 | **경영지원** 최향숙 | **홍보** 이선미 · 정채훈
등록번호 제301-2006-001호 | **등록일자** 2013년 5월 24일
주소 04607 서울시 중구 다산로 139 랜더스빌딩 5층 | **전화** (02)2234-7117
팩스 (02)2234-1086 | **홈페이지** matebooks.co.kr | **이메일** khg0109@hanmail.net
값 19,000원 | **ISBN** 979-11-6002-356-5 03320

차트 읽는 법을 배우고,
정확한 매수 지점을 집어내는 방법을 찾아라.

• 윌리엄 오닐(월스트리트의 전설적인 투자자) •

투자 승률을 올려준 기술들을
아낌없이 정리한 책

주식 공부가 과연 필수일까요? 주식 공부가 누구는 필요하다 말하고, 또 누구는 필요 없다고 합니다. 이러한 차이는 '나에게 맞는 방향으로 공부했고 제대로 된 내용으로 배웠는가'로부터 비롯됩니다.

시장에는 수많은 매매기법과 투자 전략이 존재합니다. 특히 국내에서는 지난 20년 동안 많은 기법이 생겨났고 발전했습니다. 해외에서도 기술적 분석과 데이터베이스 확률을 조합해 다양한 투자 방식이 탄생했습니다. 찾아보면 배울 게 많고 익혀야 할 것이 많다는 이야기입니다.

하지만 모든 것을 익히기엔 어렵고, 지금은 통하지 않는 철 지난 기술들도 많습니다. 다시 말해 기법에도 함정이 있다는 이야기입니다. 그래서 저는 항상 투자자분들에게 "100%의 투자법은 없으며 모든 매매법은 투자 성공률을 올려주는 것에 일조한다"는 말씀을 드립니다. 즉 익절할 수 있는 확률을 최대한 올리는 방향으로 생각하는 것입니다.

그런 의미에서 이 책에서는 필자의 투자 승률을 올려준 기술들을 아낌없이 정리했습니다. 한정적이고 유니크한 기법만 서술하지 않았고, 기법의 원

리와 주가 흐름의 분석 기준, 종목과 수급의 고찰 등을 상세히 적었기에 나만의 투자법으로 응용하기에 부족함이 없을 것입니다. 이 책을 통해 저의 투자법을 공유하는 것이기도 하지만 본인만의 투자법을 만들어가는 데 양분이 될 수 있는 내용들을 많이 포함했습니다.

투자는 스스로 주도하는 것입니다. 도움을 받을 수 있고 다른 사람의 기법을 활용해 수익을 낼 수도 있지만, 끝에는 자신의 방식으로 훌륭한 수익을 낼 줄 알아야 한다는 이야기입니다. 그러기 위해선 기초가 중요하고 주식투자의 원리를 이해하는 게 중요하며, 따분한 이론만 읽으면 이해가 어렵고 공부 진도가 늦어지므로 실전 투자에서 사용할 수 있고 응용의 기초가 될 수 있는 기법들부터 접하는 게 중요합니다. 이 책이 그런 의미에서 길잡이가 되어줄 것이며, 10년 뒤에 읽어도 손색이 없을 것이라 자신합니다.

주식은 항상 변수가 많고 상식 외로 움직일 때가 많다는 점을 인지하고, 실전 투자를 할 땐 충분한 실력이 되지 않다면 소액으로 먼저 감을 익히면서 시장의 흐름을 파악하며 60% 이상의 승률을 3개월 이상 유지할 때 예수금을 늘리기 바랍니다. 처음부터 많은 돈을 투자했다가 폭락장, 대세 하락장이 오면 큰손실이 생길 수 있습니다. 운 좋게 상승장에 시작해서 큰돈을 벌 수도 있지만, 반대의 경우도 언제든 존재한다는 걸 잊지 마시기 바랍니다. 이 책을 읽어주셔서 감사드리며 행복한 일이 가득하시길 기원합니다.

황족

3장 | 손절을 줄이고 익절 가능성을 올려주는 방법들

4장 | 무계획 무대응 투자는 주식계좌를 병들게 만든다

5장 | 좋아하는 투자와 잘하는 투자는 다르다

6장 | 평생을 좌우하는 돈 버는 주식투자 습관

2부

주식은 기다림의 미학임을 명심하자

1장 | 기술적으로 분석하기, 이렇게 하면 된다

2장 | 종목 선택의 순간, 이것만은 반드시 체크하자

3장 | 매수의 순간,
이것만은 반드시 체크하자

4장 | 매도의 순간,
이것만은 반드시 체크하자

황족의 주식 공부 동영상 강의 30선

황족의 주식 공부 동영상 강의 30선

1부에서는 수익 가능성을 높여주는 방법들을 위주로 서술했습니다. 기법을 포함해 기초 지식과 주식투자의 원리를 이해하고, 지난 움직임들을 분석하며 데이터를 참고해 손실 가능성보다 익절 성공률을 높이는 방향을 우선했습니다. 1부의 내용을 충분히 익히고 투자의 원리를 이해한 상태에서 모의투자나 소액투자를 진행해본 후에 실전 투자를 하길 권장합니다.

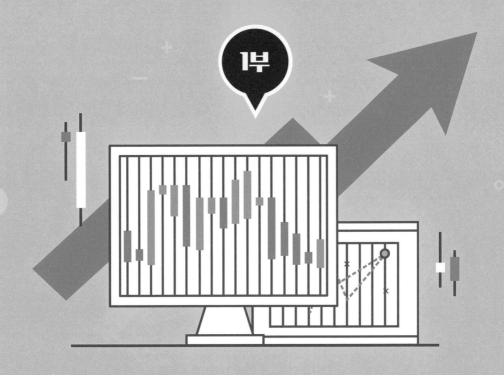

1부

승률 높은
실전 투자,
당신도 할 수 있다

1장

주식은 무엇보다도 멘탈이 중요하다

주식을 하다 보면 멘탈이 흔들릴 때가 많습니다. 그러나 혼란을 극복하지 못하면 좋은 투자를 할 수 있는 상황에서도 실수하거나 손실이 생기기 쉽습니다. 하지만 명상을 한다고 해결되는 것이 아니므로 투자 환경 자체를 긍정적으로 잡아두어야 합니다. 1장에서는 실수를 줄이고 승률 높은 투자에 도움이 되는 내용으로 구성했습니다.

실전 투자에 앞서 가져야 하는 마음가짐

3가지의 마음가짐

'좋은 경험을 해야 한다.' 제가 투자를 시작하는 사람들에게 항상 강조하는 내용입니다. 인생을 살아가다 보면 좋은 습관과 나쁜 버릇이 생기기 마련인데요, 여러분들이 주식투자를 오랫동안 할 생각이라면 실전 투자를 시작하기에 앞서 좋은 습관을 만들어야 합니다. 그러기 위해선 좋은 경험이 필요합니다.

경험의 출발은 마음가짐에서 비롯됩니다. 이때 지켜야 하는 것과 버려야하는 것이 있습니다. 기본적으로 투자자들은 각자 투자의 출발점이 다릅니다. 주식을 시작할 때 서로 다른 출발점을 가지고 시작하게 되는데, 다음

3가지의 마음가짐은 우리 모두 가져야 하는 필수 개념입니다. 이것이 첫 번째로 강조하고 싶은 내용입니다.

첫째, 투기가 아니라 투자를 한다고 생각해야 합니다. 단 하루만 주식투자를 해보면 상한가 가는 종목과 급등하는 종목들을 쉽게 접해볼 수 있습니다. 그때 누군가는 대박 수익을 내고 있다는 생각에 대책 없이 매수하는 경우가 있습니다. 이는 엄밀히 말하자면 투기입니다. 대부분의 주식 초보자들이 하게 되는 첫 번째 실수입니다. 반대로 하한가를 가는 종목과 급락하는 종목들이 있는데 그런 종목에는 집중하지 않습니다.

이처럼 사람의 눈은 보고 싶은 것부터 보게 되는 심리가 있습니다. 하지만 투기를 피하려면 보기 싫은 상황도 볼 줄 알아야 합니다. 상황이 좋지 않은 종목을 보는 것이 투자의 시작에 있어 예방주사와도 같습니다.

둘째, 주식투자를 시작한 이유를 생각해야 합니다. 저는 꾸준한 수익을 내고 싶은 마음에 주식을 시작했습니다. 하지만 시간이 흘러 단타투자와 근거 없는 매매로 큰돈을 잃은 적이 있습니다. 투자의 원동력인 '꾸준한 수익'을 가슴 속에 품고 있었더라면 손실을 피할 수 있었을 것입니다.

이 책을 읽기 시작한 여러분들도 꼭 기억해야 합니다. 내가 주식을 왜 시작했고, 그것이 정말 도움이 되는 이유인지 꼭 생각해보세요. 만약 안정적인 수익이나 꾸준한 수익과 같은 이유로 시작했다면 이 책이 좋은 길라잡이가 되어줄 것입니다.

셋째, 나만의 원칙을 만들어야 합니다. '나는 절대로 고점 매수를 하지 않겠다!' 저의 원칙입니다. 여기서 말하는 '고점 매수'란 평균적으로 시세가 비싼 시기에 종목을 매수하는 것을 의미합니다.

이처럼 나만의 원칙을 세우는 것이 가장 중요합니다. 지금 바로 하나 이상의 원칙을 만들고, 이 책을 읽은 후 추가로 만들어 비교해보면 앞으로의 투자 인생이 좋은 방향으로 나아가는 데 큰 도움이 될 것입니다.

주식투자를 시작한다면 이 3가지 마음가짐은 자주 볼 수 있는 곳에 문구로 새겨두기 바랍니다. 기본일수록 잊기 쉽고, 지키기 어렵기 마련입니다. 시간이 지나면서 위기가 찾아올 때마다 좋은 돌파구가 되어줄 것입니다.

돈을 좇지 않게 하는 3단계 구조

두 번째로 강조하고 싶은 내용은 수익에 목적을 두되 돈을 좇진 말자는 것입니다. 당연하게도 투자자들의 목적은 수익입니다. 하지만 돈에 취하게 되면 사고가 생깁니다. 가령 '어제는 얼마를 벌었고 오늘은 얼마를 잃었다. 내일은 과연 수익을 낼 수 있을까?' 이런 생각에 사로잡히게 되면 감정의 변화가 급격히 빨라집니다. 좋은 시장에선 축배를 들지만 나쁜 시장일 땐 우울감에 사로잡히게 되지요. 하락장을 경험하면 스트레스가 심해지고 그로 인해 식욕이 감퇴되는 등 일상생활에 큰 지장을 받게 됩니다.

우리는 돈이 돈을 버는 구조에 집중해야 합니다. 그러기 위해선 가장 먼저 악순환의 반복을 끊어내야 합니다.

주린이들이 흔히 경험하는 악순환은 단타와 급등주 투자에 있습니다. 확실하게 보장되는 승률이 나와주지 않을 때 무모하게 시도하는 것이 문제입니다. 괴롭지 않으려면 적어도 최소 70% 이상의 익절 성공률을 가져야 합니다. 열 번 투자해서 세 번 잃는 정도의 승률이 필요하다는 이야기입니다. 그렇게 되지 않았을 때 시도하는 무리한 투자는 돌이킬 수 없는 실수가 되어버릴 수 있습니다. 우리는 장기적으로 안전하게 투자할 수 있는 환경을 마련해야 하고, 그러기 위해선 반드시 익혀야 하는 구조가 있습니다. 어떤 구조를 발전시켜야 하는지 다음의 3단계로 이야기해보겠습니다.

1단계로, 내 전체 시드를 100%라고 가정하고 분산을 시작해야 합니다. 마음 같아선 모든 돈을 가장 탐나는 종목 하나에 투자하고 싶겠지만, 참는 게 약입니다. 투자하고 남은 돈을 '예수금'이라고 표현하는데 이는 고정적으로 20~30%를 만들어둬야 합니다. 즉 예수금은 항상 20~30% 사이가 항상 유지될 수 있는 환경을 만들어야 합니다. 우리는 이를 '시드(투자금) 관리'라고 표현합니다.

관리를 마쳤으면 포지션의 분류를 시작해야 합니다. 제 포지션을 공유하자면(참고만 해도 좋습니다) '메인 40%, 스윙 30%, 나머지는 단기+자율 투자'입니다. 메인은 투자 기간과 별개로 가장 큰 수익을 기대하는 방향으로 정합니다. 즉 장기투자가 될 수도 있고, 안 될 수도 있습니다. 단타를 아예 하지 않는다면 더 탐나는 곳에 비중을 늘려주면 됩니다. 자기 스타일에 맞추어 바꿀 수 있지만 본인에게 도움이 되는 방향으로 해야 합니다.

좋아하는 것과 잘하는 것엔 큰 차이가 있습니다. 예를 들어 단타를 좋아하지만 그만한 수익이나 성공률이 뒷받침되지 못한다면 고민하지 말고 바로 잘라내야 합니다. 결과적으로 노동력에 비해 손해 보는 게 많은 투자 방식은 돌이킬 수 없기 전에 좋은 방법으로 바꿔야 합니다. 처음에는 재미가 없어도 나중에는 버는 재미로 돌아옵니다.

2단계로, 종목의 개수를 정해야 합니다. 가령 메인 40%를 1종목으로 할지 아니면 3종목으로 할지 정해야 합니다. 개수는 자유롭게 정하면 되는데, 감당할 수 있는 만큼으로 조절하는 것이 중요합니다. 비중 관리를 끝냈다면 분산투자를 계획해야 하는데, 투자를 하다 보면 나도 모르게 종목이 늘어나기 마련입니다. 그럴 땐 분할투자로 높은 승률을 유지할 수 있습니다. 기본적으로 5~10종목을 관리하는데, 종목이 너무 많으면 기억하기 어렵고 관리하는 데 애를 먹습니다. 20종목 이상부턴 '백화점 매매'라고 부르며, 이는 시장이 나쁠 땐 약점이며 좋을 땐 강점입니다. 제가 추천하는 종목의 한도는 최소 5개에서 최대 15개이며, 관리에 익숙하다면 20개까지도 괜찮습니다.

3단계로, 분할투자를 계산해야 합니다. 하나의 종목을 나누어 매수하는데 100만원의 투자금으로 매수를 할 예정이라면 50만원씩 두 번 나눌지, 아니면 35만원, 35만원, 30만원 식으로 세 번 나눌지 결정해야 합니다. 1차 매수로 끝내는 것은 절대 추천하지 않으며, 최소한 두 번 이상 나누어 매수하는 것을 추천합니다. 모아가는 매매를 한다면 10회 분할투자도 가능합니다.

이러한 분류를 끝내두었다면 여러분들은 자연스럽게 안정적인 투자의 기반을 다지게 된 것입니다. 글자로 읽으면 정말 하나도 어렵지 않은 과정이지만, 대부분이 이를 신경 쓰지 않아 악순환을 반복합니다. 수익이 목적일수록 돈에 휘둘려선 안 됩니다. 원금을 지키는 방법부터 이해하고 투자를 시작해야 합니다.

메인부터 단타까지의 투자 방식을 알자

메인은 투자의 중심이 되는 종목이 해당하며, 투자 기한은 크게 상관없습니다. 쉽게 말해 나에게 수익을 안전하게 선물해줄 종목입니다. 삼성전자, 현대차 등 코스피200이 통상적이지만 어떤 종목을 발굴하느냐에 따라 다르겠습니다. 앞으로 다양한 종목들의 차트를 예시로 볼 텐데, 제가 네이버 카페와 유튜브 방송에서 다룬 바 있는 기업을 기준으로 잡았습니다.

스윙과 종베는 '순환 투자' 방식입니다. 스윙은 매수 이후 3개월 안에 좋은 수익을 줄 것으로 전망되는 종목을 발굴하는 것입니다. 길게는 6개월까지 이어질 수 있으니 이 점에 유의하고 -20%의 손실이 넘더라도 안전하게 기다릴 수 있는 수준의 기업으로 투자하는 방식입니다. 예를 들어 2차전지가 좋아질 것 같다는 판단에 일진머티리얼즈를 2020년 5월 8일 40,400원에 매수를 했다고 가정하면 8월 안에 매도하겠다는 목표를 잡습니다. 물론 수익이 일찍 나오거나 보유 기간이 더 길어지는 경우도 생기는데, 그때부턴 대응 포지션으로 넘어갑니다. 실제로 차트를 보면 6월 26일부터 52,100원을 넘어서고 8월 7일에 56,000원까지 상승합니다. 계산하면 약 40%의 수익률을 달성하게 되는 셈입니다. 즉 스윙은 투자 기간을 분기별로 잡고, 최소 20% 이상의 수익률을 노립니다.

반면에 종베는 '종가베팅'의 줄임말로 종가(오후 3시 20분 동시호가) 혹은 가까운 시간대에 매수하는 방식입니다. 이후 다음날이나 3일 이내에 수익을 보는 것을 목표로 삼는데, 시장의 상태에 따라 기간이 길어질 수 있습니다. 그렇기에 기간에 집중하기보다 손절가를 정하고 접근하는 것이 좋으며, 종베의 손절가는 통상적으로 매수가 기준 −3%에서 −6%로 정합니다.

마지막으로 단타는 '단기투자'의 줄임말로 길게는 2일, 짧게는 3초까지 상대적으로 짧은 시간 안에 승부를 보는 투자 기술입니다. 즉 주가의 움직임이 빠르고 등락이 클 때 좋은 가격대에 매수해서 수익을 노리는 셈입니다. 하지만 등락이 크고 가장 어려운 난이도의 투자 방법이므로 투기가 되기 쉽습니다. 단타를 한다면 시드의 5%로 금액대를 정하는 게 좋습니다. 소액으로 잡아두면 손해가 크지 않고, 반복해서 하다 보면 자연스레 단타의 흥미를 잃어서 그만두거나 반면에 전문적으로 공부를 시작하는 과정이 될 수 있기 때문입니다.

단타는 정말 어려운 투자라는 것을 인지하고 급등주를 노리는 단타투자가 아닌 안정적인 수익을 내는 방법에 집중하는 것이 중요합니다. 무리한 단타 매매는 계좌를 피멍 들게 만듭니다. 적어도 단타를 잘할 수 있을 때까지 무리하지 않아야 합니다. 단타는 승률 80% 이상을 목적으로 접근해야 합니다.

기본적인 손절가의 개념을 알자

　손절가를 이야기하기에 앞서 감정을 버릴 준비가 되었는지 아는 것이 중요합니다. 감정을 버리지 못하는 게 대부분이고, 이는 어떻게 보면 당연한 일입니다. 본 내용은 기계적인 매매를 기반으로 진행합니다. 감정을 최대한 버리고 손절가에 대해 접근하기 바랍니다.

　먼저 매수를 분할로 하듯이 매도 또한 분할로 진행합니다. 메인과 스윙은 모든 비중의 매수를 진행했다는 가정하에 −6%부터 분할 손절가로 정합니다. 이후에 2~3%가 늘어날 때마다 동일한 비율로 분할 손절을 진행합니다. 통상적으로 보유 수량의 30~50%씩 분할 매도합니다. 이후 기존에 보유하고 있던 것에 비해 물량이 20~30% 정도 남았을 때 장기투자로 남겨둘지, 아니면 전량 손절을 진행할지 결정해야 합니다.

참고로 기본적으로 추가 매수는 섣부르게 하는 것이 아니라 기술적으로 하는 것인데, 모든 추가 매수를 끝냈음에도 하락률이 깊어진다는 것은 그만큼 상황이 좋지 않다는 것을 의미합니다. 추가 매수를 다 하지 않은 상황에선 추가 매수를 하지 않고 장기투자로 남겨놓을지 혹은 비중을 줄일지 고민하면 되며, 추가 매수에 대한 계획을 다시 세우는 것이 좋습니다.

단타의 경우 −3%부터 손절하는데 이를 '칼손절'이라 표현합니다. 종배역시 −3% 때부터 분할 손절을 진행하며, 하락률이 2%씩 늘어날 때마다 같은 비율로 추가 손절을 진행하거나 전량 매도합니다. 단타가 스윙과 다른 점은 장기투자로 남겨두지 않고 전량 손절을 진행한다는 데 있습니다.

기본적으로 손절을 두려워하면 안 됩니다. 주식투자를 하면서 손절하게 되는 상황은 자주 찾아옵니다. 그럴 때마다 종목을 묻어두면 예수금 관리가 안 되고 백화점 매매가 되기 때문에 오히려 좋은 기회를 놓치게 됩니다.

사실 투자자들의 가장 큰 고민이 '손절 이후에 주가가 상승하거나 손절의 반복으로 적자가 늘어나진 않을까' 하는 불안감에 있습니다. 하지만 그런 경우는 종목 선정부터 문제였거나 예기치 못한 악재의 출연으로 급락이 나왔거나, 시장이 불안정해 주가가 하락하는 경우입니다. 즉 대응으로 인해 적자가 커지는 것이 아니라 제때 손절하지 않아 하락폭이 커지는 것입니다. 손절가를 잘 지키는 것이 주식투자를 그만두게 만드는 원인이 되진 않습니다. 내가 정해놓은 손절 범위를 잘 지키는 것이 매우 중요합니다.

지나간 것에 미련 갖지 말고, 후회하지 말자

'종목과 사랑에 빠지지 말고 썸(썸=연인 이전의 관계)을 타라.' 제가 입버릇처럼 하는 말입니다. 신기하게도 주식을 하다 보면 어떤 특정 종목은 떨어져도 사고 싶고, 올라도 사고 싶고, 꿈에도 나타나는 호감의 감정이 생깁니다. 이런 것이 바로 종목과 사랑에 빠지게 되는 과정인데, 우리가 결코 간과해선 안 되는 것이 있습니다. 좋은 생각을 많이 하면 나쁜 것도 좋게 보인다는 것입니다.

사람을 바라보는 시각과 똑같습니다. 마음에 드는 사람을 만나 애정이 생기기 시작하면 눈에 콩깍지가 생기고, 감정이 발전할수록 좋은 생각만 떠오르게 되고 나쁜 것은 보이지도 않게 됩니다. 내가 매수한 종목도 마찬가집니다. 종목과 사랑에 빠지게 되면 주가가 내려가도 안심이고, 악재가 나와도 걱정되지 않습니다.

하지만 그러다 콩깍지가 사라지고 현실과 마주하게 되면 이미 대응을 하지 못하는 상황이 됩니다. 이러면 조급한 매매를 하게 되고, 악순환의 반복을 피할 수 없게 되어버립니다. 사랑이 아니라 썸의 상태를 유지하면 좋은 면도 볼 수 있고, 나쁜 면도 볼 수 있습니다. 내가 보유하고 있는 기업이 계획처럼 기쁨을 주는 종목이 될지 바르게 보는 것이 중요합니다.

하지만 아무리 사랑에 빠지지 않으려 해도 투자를 하다 보면 나도 모르게 사랑에 빠지게 되는 경우가 생깁니다. 실상 썸 자체가 사랑에 빠질 가능성이 존재하기 때문입니다. 그래서 필요한 마음가짐이 '미련을 갖지 말고, 후회하지 말자'는 것입니다.

종목과 사랑에 빠져 실수를 하거나 잘못된 매매로 손해를 볼 수 있습니다. 그럴 때는 자책과 후회를 하지 말고 우선 자기 자신부터 위로하는 것이 중요합니다. 누구에게나 생기는 일이고, 다음에 그러지 않으면 되는 일입니다. 지나간 것에 미련을 갖거나 후회하지 말고 훌훌 털어내는 것이 중요합니다.

혹시 최근에 큰손해를 봤거나 현재 큰손해를 보고 있는 상황인가요? 이는 여러분에게만 생기는 일이 아니라 누구나 경험하는 일입니다. 저 역시도 그랬던 적이 많습니다. 하지만 주식은 항상 돌파구가 존재한다는 것을 잊지 말고 훗날을 중요하게 생각하는 것이 핵심입니다.

주식의 본질이
무엇인지를 생각해보자

　'기업에 투자하는 것이다.' '돈을 벌기 위해 기술적으로 매매를 하는 것이다.' '배당금을 받거나 복리 수익을 위해 하는 것이다.' 모두 맞는 말입니다. 주식투자에 왕도는 없습니다. 하지만 '이유'보다 중요한 것이 '성적'입니다. 아무리 좋은 목적을 가지고 투자를 하더라도 결과적으로 손해를 반복한다면 좋은 투자라고 말할 수 없습니다.

　우리는 주식의 본질에 대해 물음표를 던져야 합니다. 기본적인 주식 가격의 원리는 사는 사람이 파는 사람보다 많으면 올라가고, 파는 사람이 사는 사람보다 많으면 내려갑니다. 그런데 참 이상합니다. 어떤 때엔 많이 사고 어떤 때엔 많이 팝니다. 분명히 좋은 소스를 가지고 있는 기업이고 그것을 누구나 알고 있는데, 주가가 오르지 않거나 아무런 이슈가 없는데도 시세가

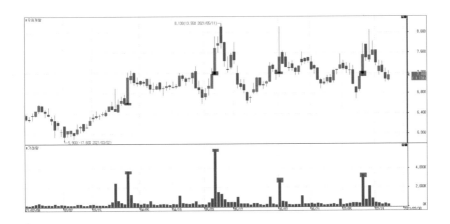

우원개발 일봉 차트입니다. 좌측부터 우측까지 색칠한 지점이 장대양봉에 대량 거래량으로 수급이 들어온 거래입니다. 수급이란 많은 투자자들의 매수세가 들어왔다고 추정하는 것을 의미합니다. 들어온 매수세가 매도세로 빠지지 않고 주가가 유지되면 긍정적입니다

크게 오르는 차이가 생깁니다. 공부하지 않으면 모르고 지나칠 수 있는 속성들이 있다는 이야기입니다. 우리는 어떤 것을 놓치고 있는 걸까요?

주가의 움직임을 주도하는 것은 '수급'입니다. 수급이란 기본적으로 거래량을 의미하는데, 관심을 많이 받는 주도주가 이에 해당합니다. 시장을 주도하는 종목은 우량주가 될 수 있고, 단타가 될 수도 있습니다. 이때 수급의 기초가 되는 거래량은 해당하는 종목의 평균 거래량과 비교해 계산하는데, 기존의 거래량에 비해 오늘날 얼마나 더 많이 거래되고 있는지가 핵심입니다. 평균 이상의 거래량을 보여주면서 주가가 상승 추세이면 '수급이 좋다'고 표현합니다. 대량 거래량에 장대양봉이 나오면 단기 수급이 들어온 것으로 보고 많은 투자자들의 매수세가 들어왔다고 분석합니다. 이후 대량 거래량에 비해 거래가 줄어들고 주가가 유지되면 긍정적으로 볼 수 있습니다.

주가의 상승은 좋은 관심에서 나옵니다. 예를 들어 정부에서 그린뉴딜이나 탄소중립에 대한 긍정적인 발표와 함께 시장선점을 위한 투자를 아끼지 않겠다는 발표를 하면 관련주들이 큰 주목을 받습니다. 정부에서 직접 이야기를 했으니 신뢰가 있고 성장에 대한 기대감이 생깁니다. 그러면 자연스레 해당 뉴스에 주목하는 투자자들이 생기고 직접 매수를 함으로써 수급 상승의 구조를 만들어냅니다. 흔히 '호재 뉴스가 나왔다'고 표현합니다.

우리가 이때 던져야 할 것은 물음표입니다. '수급이 왜 좋을까?→정부가 발표해서 어떤 기대를 할 수 있을까?→기업이 더 성장할 것이다!' 등 이러한 박자가 맞으면 주도주가 되고 자연스레 추세가 좋아집니다. 여기서 말하는 '추세'란 어떤 현상이 일정한 방향으로 나아가는 경향을 의미합니다. '추세가 좋다'라고 하면 주가 상승의 힘이 튼튼하다는 의미입니다.

그런데 호재가 나와 추세가 좋은데도 불구하고 수급이 나빠지는 경우가 있습니다. 그 원인을 찾아야 하는데, 대개 투자자들이 이미 알고 있었던 내용이 선반영되어 충분한 주가 상승이 되고 난 이후일 수 있습니다. 그게 아니라면 구미가 더 당기는 뉴스에 해당하는 다른 기업으로 투자자들이 몰렸을 가능성이 있습니다. 혹은 아직 관심을 받지 못해 후반영되는 구조입니다. 관심을 받을 때 호재가 사라지지 않은 상태라면 후반영으로 수급이 좋아지게 됩니다.

추세가 좋으면 주가가 꾸준히 상승합니다. 하지만 수급이 아쉬우면 상승이 멈추고 하락으로 전환되거나 주가가 유지되는 경우가 생깁니다.

그때 특정 가격대 밑으로 떨어지지 않는 일이 발생하는데 그런 때를 '박스권에 머무르고 있다' '지지선을 지켜주고 있다'고 표현합니다. 기본적으로 특정 구간에서 매도량이 줄어들 때 자주 발생합니다. 수급만 좋아지면

GKL 주봉 차트입니다. 11,700~14,300원이 박스권, 15,100~17,400원 근처가 박스권입니다

상승이 가능한 상황이라 답답함을 느끼기 쉽습니다. 그런 때에 주식의 본질을 이해하면 기다림의 미학이 됩니다. 우리는 결과적으로 '파는 사람이 적은 상황'에 집중해야 합니다. 즉 수급이 좋아져 사는 사람이 늘어나면 주가의 우상향을 노리는 목표를 세울 수 있는 것입니다.

하지만 시간이 오래 걸려 기다림에 지치거나 도중에 추세가 나빠져 매도량이 늘어날 수 있는데, 이를 '차익실현(익절)을 했다' '실망 매물이 나왔다'고 표현합니다. 이때 또 하나의 주식의 본질을 이해할 수 있는데 추세가 유지되면 수급이 나쁘더라도 주가가 버텨진다는 것과, 수급이 좋아지면 나빴던 추세도 상승 전환한다는 원리를 알 수 있습니다. 즉 주식의 본질은 수급에 있으며, 우리는 수급이 좋거나 좋아질 수 있는 종목을 선택해야 합니다. 단기 추세를 본다면 5일선을 돌파할 때 주의 깊게 보면 좋습니다.

차트를 보는 것은
생각보다 중요하다

저자 직강 동영상 강의로 이해 쑥쑥!
QR코드를 스캔해서 동영상 강의를 보시고
이 칼럼을 읽으면 훨씬 이해가 잘 됩니다!

'차트 분석'이라는 것이 존재합니다. 방법은 다양하게 있으며, 확률이 모두 다릅니다. 실전 투자에서 차트를 보는 사람과 안 보는 사람으로 나뉘기도 합니다. 여기서 제가 말하려는 내용은 '차트는 어디까지나 참고로만 보라'는 것입니다. 그렇다면 어떻게 봐야 좋을까요? 엄연히 보는 순서가 있고, 이해가 필요합니다. 수학에서 숫자를 알고 있어야 사칙연산을 할 수 있듯이 기초가 중요하므로 지금은 기초에 관해 이야기해보겠습니다.

생각 이상으로 차트에서는 많은 정보를 얻을 수 있습니다. 넓은 시각으로 저점과 고점을 볼 수 있고, 전체적인 거래량의 변화와 과거에 어떤 식으로 주가가 움직였으며, 몇 번의 박스권이 출현했는지 등을 모두 체크할 수 있습니다. 눈으로 볼 수 있는 전체가 정보가 되고, 높은 완성도의 참고 지표가 됩니다. 특정 종목이 실적을 통해 움직인다면 재무제표와 뉴스가 중요한데, 실적의 변화나 이슈의 출연이 있었을 때 주가가 어떻게 변동되었는지, 실적 발표를 했을 때와 하지 않았을 때 분기별 움직임이 어땠는지 등 다양한 상황을 차트를 통해 한눈에 볼 수 있습니다. 즉 차트는 갑작스런 주가의 변동이 있었던 특정 시기를 조사하는 데 필요한 첫 번째 단서가 되어줍니다. 그러므로 차트를 단순히 선과 봉으로만 볼 게 아니라 내가 필요로 하는 정보와 단서를 발견하는 걸 도와주는 훌륭한 내비게이션이라 생각해야 합니다.

차트를 볼 땐 왜 내려갔었고 왜 올라갔었는지부터 조사해야 합니다. 기업마다 주가가 영향을 받는 원인이 모두 다르기 때문입니다. 적어도 내가 공부하고 싶은 종목을 보려면 어떤 때에 주가 변동이 생기는지 꼭 체크해야 합니다. 이후에는 어떤 가격대가 투자 가치가 있을지 고민해야 합니다. 그땐 매달 지지해주고 있는 저점 가격대가 몇 개인지 세어봅니다.

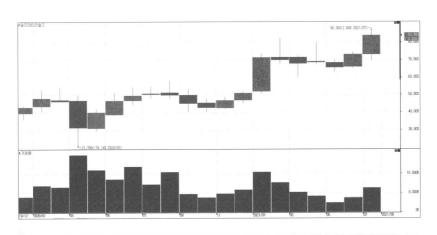

일진머티리얼즈의 2019년 12월부터 2021년 8월까지의 월봉 차트입니다

2020년의 일진머티리얼즈 월봉 차트를 보겠습니다. (3월의 코로나19 팬데믹은 제외합니다.) 1월 40,550원, 2월 46,200원, 4월 29,600원, 5월 38,550원, 6월 44,500원, 7월 48,200원, 8월 47,950원, 9월 40,300원, 10월 40,350원, 11월 42,000원, 12월 45,250원입니다. 시장의 회복을 고려하면 평균적으로 4만원 근처에서 지속적으로 저점이 지지되었다는 사실을 발견할 수 있습니다. 2021년 1월 기준 저가가 50,900원으로 2020년에 비해 크게 상승했다는 사실 또한 알 수 있습니다. 즉 여러분들은 특정 종목의 투자를 시작하기에 앞서 매달 얼마가 가장 저점이었고 비슷한 저점이 얼마나 자주 나왔는지를 체크해서 가장 적절한 구간대에 매수를 고려해볼 수 있는 것입니다. 지금 관심 가는 종목이 있다면 바로 확인해보고 적정 매수 구간을 계산해보기 바랍니다. 일진머티리얼즈는 4만원 근처가 좋은 매수 타점이었습니다.

이제 매도 타점도 생각해볼 수 있습니다. 매달 고점을 세어봅니다. 대략 5만원 이내로 계산됩니다. 그렇다면 보수적으로 5만원 이하를 매도 타점으로 계산할 수 있습니다. 이렇게 자연스럽게 지지선과 저항선의 기초 과정을 익혀볼 수 있었고 지난 차트를 통해 타점의 기초를 마련해볼 수 있었습니다. 여기서 한발 더 나아가 심화 과정으로 넘어가면 더 구체적이고 기술적으로 타점을 잡을 수 있습니다. 그 과정은 천천히 진행해보겠습니다.

결국에는 저점이 되었을 때의 원인과 고점이 되었을 때의 원인을 알아봄으로써 주가의 움직임을 이해할 수 있고, 근거를 알아볼 수 있습니다. 주가가 왜 더 안 내려가고 안 올라갔는지도 생각해볼 수 있겠지요. 과거를 기반으로 현재 구간이 비싼지 저렴한지 알 수 있습니다.

그런데 주가가 크게 올라 시세가 바뀐 경우가 생기는데, 그런 때엔 바로 직전의 고점이 지지선으로 변하고 저점의 역할을 대신 수행합니다. 일진

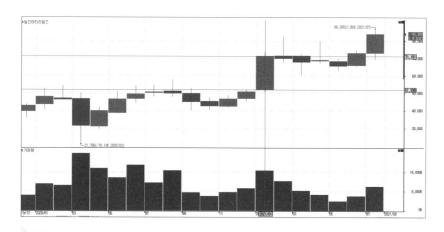

일진머티리얼즈가 2021년 1월에 신고가 갱신을 하면서 저점과 고점이 갱신되었습니다

머티리얼즈의 2020년 고점이 51,900원이었는데 2021년 1월 73,500원으로 고점이 갱신되었습니다. 그러면 직전 고점인 51,900원이 저점이자 지지선의 역할을 합니다. 2020년에는 4만원 근처가 좋은 매수 타점으로 계산되나 2021년 1월부턴 7만원 이하가 좋은 1차 매수 타점이 되어줍니다. 기본적인 시세가 상승했기 때문인데, 이는 그만큼 파는 사람보다 사는 사람이 많아졌다는 의미이며 추세가 좋은 상황이라고 응용할 수 있습니다.

이렇게 우리는 자연스레 지지선과 저항선이 서로 변할 수 있다는 사실도 알아볼 수 있었습니다. 주식이나 차트 분석을 어렵게 생각하면 안 됩니다. 쉽게 보아도 우리가 얻을 수 있는 정보가 상당히 많습니다. 지지선은 특정 가격내 밑으로 떨어시시 않을 때 시켜주는 가격을 의미하며, 저항선은 특정 가격대 위로 올라가지 않을 때 막히는 가격을 의미합니다. 여기에서는 저점과 고점의 지지선과 저항선에 대한 기초를 확인했습니다.

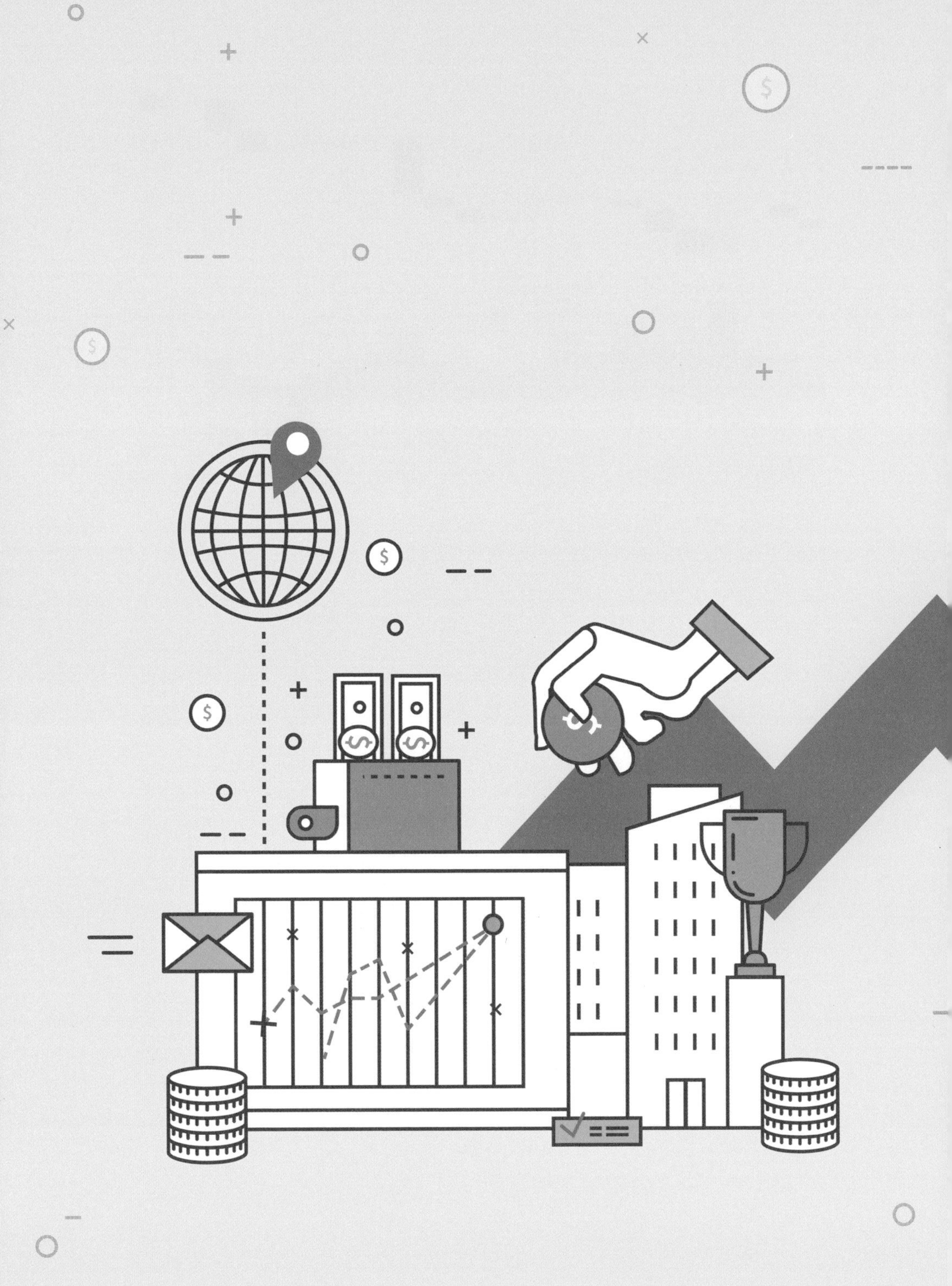

2장

기본으로
꼭 알아야 하는
각종 기법과 용어들

차트에서 해석할 수 있고 기법으로 활용할 수 있는 기본 지식과 기술들을 서술했습니다. 아리송할 수 있는 지지선과 저항선의 개념, 갭과 봉, 호가창에서 얻을 수 있는 힌트, 수급을 확인하는 방법과 실전 투자에서 주로 쓰이는 보조지표들을 정리했습니다.

'봉'과 '갭'과 '꼬리'를 이용한 매매법

저자 직강 동영상 강의로 이해 쑥쑥!
QR코드를 스캔해서 동영상 강의를 보시고
이 칼럼을 읽으면 훨씬 이해가 잘 됩니다!

봉은 크게 '양봉'과 '음봉'으로 분류합니다. '갭'은 전날 종가와 다음날 시

초가의 빈 공간을 의미합니다. '꼬리'는 캔들이 봉으로 채워지지 않고 선으

현대모비스의 일봉 차트 중에서 대표적으로 볼 수 있는 갭과 꼬리를 표시했습니다

로 표시된 것을 의미합니다. 봉의 꼬리 같다고 해서 꼬리라고 표현합니다.

봉과 갭 그리고 꼬리를 이용한 투자법이 존재합니다. 차트 분석을 할 때 이를 활용해 투자 승률을 높일 수 있습니다.

먼저 양봉과 음봉을 활용해보겠습니다. 기본적으로 음봉이 연속적으로 나올 땐 매수하지 않는 방향으로 잡는 것이 안전합니다. 물론 휘발성 반등인 기술적 반등을 이용해 차익을 보기 위해 흑삼병(음봉이 3연속 나온 상태에서 하락이 이어질 때)이 이어질 때 매수하는 방식도 있습니다. 하지만 아래의 차트에서 보듯 다소 위험하고 시장 상황에 따라 결과가 달라지기 때문에 기타 분석이 많이 요구됩니다.

단순히 봉만 보고 투자를 한다면, 음봉이 연속해서 나오지 않고 양봉으로 전환되고 바닥이 지지되는 시점을 타점으로 생각하는 게 상대적으로 안전합니다. 음봉이 계속 나온다는 것은 그만큼 매도세가 강하다는 이야기이고, 바닥을 알 수 없기 때문입니다.

흑삼병 이후 매수를 했더라도 손실일 수밖에 없으며 윗꼬리도 나오지 않아 손절하게 되거나 물리게 됩니다. 음봉이 연속적으로 나올 땐 매수에 주의해야 합니다

양봉의 연속

양봉의 연속이 이어지자 주가가 상승하고, 양봉의 연속이 멈추자 하락합니다. 이렇게 어디가 단기 고점인지 확인하고 매매 타점에 도움을 주는 도구로 양봉을 활용합니다

반대로 양봉이 연속해서 이어질 땐 보유자 기준으론 추세가 꺾이기 전까진 지속 보유해도 되는 순간이지만, 신규 진입을 할 땐 고점에 대한 인식이 필요합니다. 즉 음봉이 연속해서 나올 때 매수를 주의한다고 해서 양봉이 연속해서 나올 때 매수해야 한다는 개념이 아닙니다.

위의 차트에서처럼 양봉이 이어진다는 것은 그만큼 매수세가 강하다는 이야기로, 추가적인 주가 상승을 기대해볼 수 있지만 반대로 고점에 가까워지고 있다는 의미가 되기도 합니다. 그러므로 그런 움직임을 포착했다면 어디까지 양봉으로 상승했다가 꺾이는지 꼭 확인해야 합니다.

즉 고점을 확인하는 방향으로 우선 생각하고, 적절한 매수 타점의 힌트 중 하나로 양봉을 활용해야 합니다. 양봉만 보고 투자하기보단 매매 결정의 힌트가 되는 도구로 사용해야 합니다.

갭 사이의 봉이 지지선과 저항선의 역할이 되어줍니다. 꼬리가 있다면 꼬리의 끝을 기준으로 하지만 추세가 좋을 땐 꼬리를 제외하기도 합니다. 갭 지지선 밑으로 주가가 떨어지고 횡보하면 갭 저항선으로 바뀌게 됩니다

갭은 전날 종가와 당일 시초가의 차이로 생긴 공백입니다. 시장가를 통해 매매되어 실시간 체결로 되지 않고 일괄 체결된 것입니다. 그러므로 갭은 지지선과 저항선의 개념이 되는 심리 지표가 되어줍니다.

위의 차트를 보면 갭을 돌파하고 큰 상승이 있었고, 이후 조정에 들어가 주가가 하락했습니다. 갭을 여러 차례 메꾸면서 상승과 하락을 반복하다가 갭을 이탈하자 주가가 크게 하락한 모습을 볼 수 있습니다. 이때 갭 사이의 봉을 '갭 지지선, 갭 저항선'으로 보는데, 이탈하게 되면 갭 지지선은 갭 저항선으로 바뀌고 기존의 갭 저항선은 갭 강저항선으로 변합니다. 즉 주가 상승을 막는 구간이 하나 더 생기게 되는 셈입니다.

차트 상 갭이 보인다면 이렇게 지지선과 저항선을 그어놓고 돌파하는지 이탈하는지 체크하며 비중 관리를 하거나 매매 계획을 세워야 합니다. 갭 지지선을 벗어나지 않다가 갭 저항선을 돌파하면 더 보유하거나 매수 타점으로 잡고, 반대로 갭 저항선을 돌파하지 못하고 이탈한다면 매도하거나 매수하지 않는 형태입니다. 이런 식으로 갭을 심리 지표로 보고 투자자들의

차트에서 오직 꼬리로만 지지선, 저항선, 생명선을 잡은 모습입니다. 생명선은 2차 지지선으로 해석하면 됩니다. 지지선을 이탈하면 그곳은 저항선으로 변하고, 저항선을 돌파하면 그곳이 지지선으로 바뀌는 성질을 가집니다

매매 심리를 어느 정도 확인할 수 있게 됩니다.

꼬리는 매집 심리와 차익실현의 라운드 피겨와 저항대를 확인할 수 있습니다. (라운드 피겨란 1,100원, 2,000원, 10,000원… 이런 식으로 딱 떨어지는 숫자를 의미합니다.) 지지선이나 저항선은 꼬리 외에도 잡을 수 있는 방식이 많습니다.

꼬리의 출발과 끝을 기준으로 지지선과 저항선을 잡았습니다. 저항대는 고점을 의미하며, 돌파하면 '전고점 돌파'라고 말하며 신고가가 갱신되기도 합니다. 그 이전 전고점 돌파를 목적으로 하는지 알아보기 위한 관문인 꼬리 저항선이 버티고 있고, 아래로는 꼬리 지지선과 꼬리 생명선이 주가 하락을 제한합니다. 이제 남은 것은 종목 자체가 가지고 있는 추세이며 시장 상황이 되겠습니다. 바탕을 잡아놓고 나머지 분석을 통해 투자에 디테일을 더하는 작업입니다. 대응을 목적으로 둡니다.

위의 차트를 보면 꼬리 저항선을 차마 넘지 못하고 지속 하락하자 꼬리 지지선에서 다시 매집이 되고 재도전을 하는 모습을 볼 수 있습니다. 그러다 실패하자 결국 꼬리 지지선마저 이탈하고 그곳이 저항선으로 바뀌며 꼬

리 생명선까지 주가 하락이 일어납니다. 이후 꼬리 생명선마저 이탈하는 흐름이 나오자 주가가 더 크게 떨어지는 모습을 볼 수 있습니다. 반대로 돌파하면 저항선이 다시 지지선으로 바뀌기도 합니다.

지금까지 갭, 봉에 대한 개념을 이해하고 꼬리를 통해 차트선을 잡아보았는데, 이렇게 해놓으면 주가 움직임에 따라서 어떤 투자 계획을 잡아야 좋을지 생각해볼 수 있습니다. 차트는 애당초 주가의 흐름을 그림처럼 넓게 펼쳐 분석하기 위해 존재합니다. 차트 분석이 무조건 손실을 피하거나 수익을 볼 수 있는 방식은 아니지만, 투자 대응의 근본이 되어준다고 생각하면 좋습니다. 즉 유리한 가능성을 만들어가는 과정입니다.

차트 분석은 연구이자 데이터 분석입니다. 어디까지나 승률을 올리는 방법의 일종입니다. 다양한 차트 분석을 통해 매매 타점을 잡고 대응의 기준으로 만드는 방향입니다. 그러므로 원하는 승률이 될 때까지 연구를 멈추면 안 됩니다. 활용할 수 있는 분석 방법을 최대한 사용해 손실을 줄이고, 수익을 늘려가야 합니다. 시장에 하락장이 오거나 폭락장이 오면 기존 승률과 무관하게 손실이 생길 수 있고 기간이 길어질수록 승률마저 떨어지게 되므로 최대한 대응하며 투자에 임해야 주식시장에서 오랫동안 살아남을 수 있습니다.

지지선과 저항선, 추세선과 매집선

저자 직강 동영상 강의로 이해 쑥쑥!
QR코드를 스캔해서 동영상 강의를 보시고
이 칼럼을 읽으면 훨씬 이해가 잘 됩니다!

지지선과 저항선을 공략하는 이유는 타점을 잡거나 대응을 하기 위함입니다. 주가의 변화에 따라 지지선과 저항선이 달라지기 때문에 필요할 때마다 갱신을 해줘야 합니다.

지지선을 이탈하지 않고 지지해주면 손절하지 않고 좀더 기다린다든가 매수 타점으로 잡아볼 수 있고, 반대로 지지선을 이탈하면 손절하거나 추가 매수를 할지 선택합니다. 추매를 한다면 다음 지지선인 생명선을 기준으로 잡습니다.

저항선의 경우 돌파하지 못하면 저항 근처를 매도 타점으로 생각해볼 수 있으며, 돌파 가능 여부를 분석합니다. 저항선을 돌파하게 되면 다음 저항선까지 매도 타이밍을 넓게 잡아갈 수 있습니다. 이때 전고점 근처를 강저

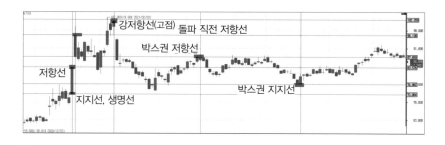

색칠되어 있는 곳이 해당하는 지지선과 저항선입니다. 선이 복잡하다면 해당 구간의 가격대로 정리하는 방법도 있습니다

항대로 잡고 진행합니다. 전고점 근처를 꼭 매도 타점으로만 생각하진 않으며, 저항대를 돌파하고 양봉 지지를 해주는 모습이 나타나면 매수 타점으로 잡아볼 수 있습니다. 이를 '돌파 상승을 노린다'고 표현합니다. 일반적으로 단타나 스캘핑을 할 때 주로 쓰이는 방식이지만, 저점 매수로 활용하면 추세 전환을 노리게 된 것이므로 기대 수익률이 올라갑니다. 개념은 이 정도로 잡고 기법으로 접근해보겠습니다.

지지선을 잡는 방법

지지선을 잡는 방법은 다양하게 있습니다. 장대양봉이 나왔을 때 저가 구간을 지지선으로 잡을 수 있습니다. 이후 여러 차례 특정 가격대 밑으로 떨어지지 않는 모습이 나왔을 때 해당 구간의 저점을 박스권 지지선으로 잡을 수 있습니다. 이때 여러 개의 지지선이 생기면 두 번째부턴 생명선으로 봅니다. 생명선의 개념은 고점이나 저항선에서 매수했다는 기준으로, 생명선 밑으로 빠지면 손실이 가장 커지는 구간으로 이해하면 됩니다.

　이러한 지지선들보다 주가가 하락하면 기존의 지지선은 저항선으로 바뀌게 됩니다. 여기에서 말하는 지지선의 개념을 좀더 알기 쉽게 설명해보자면, 매수하려는 투자자들의 심리가 매도 심리보다 우위에 있다는 전제로 분석합니다. 주가가 하락하고 있다는 것은 그만큼 매도하는 투자자가 많고 매수자가 적다는 이야기이며, 이러한 매도세가 이어지고 있다는 의미입니다. 어디까지 떨어질지 알기 어렵기에 기존에 매수 심리가 굉장히 좋았던 구간을 지지선으로 잡고 추세를 확인하는 과정입니다. 지지선 근처에 있을 때 매도세가 줄어들거나 매수세가 늘어나 주가 방어가 되면, 해당 지점을 저점으로 보거나 매수 타점으로 볼 수 있습니다. 이러한 결과 데이터를 누적해서 쌓는 것을 '바닥 체크'라고 말하며 쌍바닥, 다중 바닥 체크입니다.

　반대로 지지선을 이탈하고 더 큰 하락이 나오면 다음 지지선을 또 잡아야 하며, 이탈된 지지선은 저항선이 되어 돌파해야 하는 지점으로 변합니

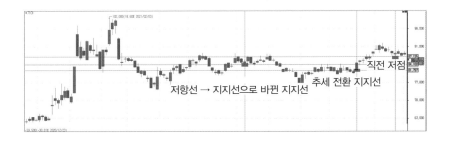

좌측부터 색칠 순서입니다. 저항선에서 지지선으로 바뀌었을 때 지지선과 상승 추세 전환 지점의 지지선, 직전 저점의 지지선입니다. 이렇게 상황에 따라 다양한 지지선을 잡아볼 수 있습니다. '단기투자냐, 장기투자냐'의 차이가 되기도 합니다

다. 이러한 개념이 잡히는 이유는 해당 구간에 갇혀 탈출을 꿈꾸고 있는 투자자들, 추가 매수를 노리는 투자자들 등 다양한 목적을 가진 투자자들이 뭉쳐 있기 때문입니다. 기본적으로 주가는 사는 사람이 더 많으면 올라가게 되어 있는데, 특정 구간에서 사는 사람과 파는 사람 중 어떤 투자자가 더 유리하고 수가 많은지 분석하기 위함입니다.

여기서 더 디테일하게 지지선을 잡을 수 있는데 직전 저점이나 직전 저항선을 돌파할 때의 저점, 박스권 지지선 이후 상승 전환 되었을 때의 지지선을 잡을 수도 있습니다. 정말 다양하게 지지선을 잡을 수 있는데 개념이 중요한 것입니다. 결국에는 매수 심리가 우위에 있을 때를 지지 개념으로 잡고 매매 계획을 세우는 방향입니다.

지지선이나 저항선을 잡을 땐 거래량도 봐야 하고, 기업이 가지고 있는 기대감이나 시장의 전반적인 흐름 등도 모두 보는 게 좋습니다. 차트만 가지고 투자하는 것은 상대적으로 어려움이 따르기 때문입니다. 하지만 이렇게 지지선에 대한 개념을 잡아놓으면 실전 투자를 할 때 다양하게 응용할 수 있어 분명 큰 도움이 될 것입니다.

저항선을 잡는 방법

다음으로 저항선을 보겠습니다. 앞서 지지선에 대한 설명을 많이 했는데 비슷한 부분이 많습니다. 먼저 저항선을 잡는 방법입니다.

저항선은 기존에 고점에 매수한 사람들이 탈출하려고 많이 모여 있거나 매도세가 급격하게 강해져 매수세가 따라가지 못하는 곳, 매수하기에 비싸

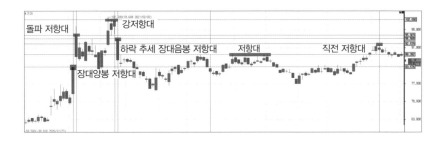

좌측부터 색칠 순서입니다. 일반적으로 고점이거나 상승하지 못하고 막힌 구간을 저항대로 고려합니다

다고 여겨지는 구간 등 매수보다 매도 심리가 강한 가격대를 의미합니다. 즉 싸게 매수한 사람에겐 1순위로 매도 지점으로 잡고, 단타를 하는 투자자들도 저항선을 돌파하지 못하면 매도하는 구간으로 여깁니다. 종합적으로 매수보다 매도가 유리한 위치인데, 그런 가격대를 매수세로 잡아먹어 주가 상승을 하면 의미 있는 추세 전환으로 봅니다. 불리했던 상황이 바뀌었다는 신호이기 때문입니다. 그러므로 우상향을 노리거나 효율적인 매도를 생각한다면 저항선에 대한 개념을 바르게 잡아야 합니다. 위 차트의 좌측 순서대로 살펴보겠습니다.

　장대양봉 저항대는 주가가 급등했을 때 고점 구간을 의미하며, 돌파 저항대는 고점에서 꺾였을 때 고점 구간입니다. 이후 강저항대는 고점을 의미하며 이후에 하락 추세가 되었을 때 장대음봉이 나오면 해당 구간의 고점을 하락 추세 장대음봉 저항대로 보고, 장대음봉이 안 나왔다면 직진 고점이나 강저항대의 저점보다 시세가 내려갔다면 해당 구간의 저점이 저항대가 됩니다. 이후 여러 차례 특정 가격대 이상으로 주가 상승이 되지 않는 모습이 포착되면 그곳을 기본 저항대로 삼습니다. 지지선을 지켜주면 직전 저항대로 계속 바뀌며, 지지선 밑으로 주가가 떨어지면 지지선이 저항선으로 새롭게 바뀝니다.

이렇게 특정 저항대를 크게 잡고 수시로 바뀌는 기본 저항선과 직전 저항선을 분석합니다. 저항선의 개념 자체는 지지선과 동일하며, 지지선의 목적이 가격이 지켜지는 구간이라면 저항선은 오르지 못하는 구간입니다. 지켜지는 구간이 지켜지지 않거나 오르지 못하는 구간이 오르게 되면 추세가 바뀌는 개념으로 보는 것입니다. 이런 식으로 지지선과 저항선을 잡아 추세를 확인할 수 있고, 매매 타점을 잡는 데 참고할 수 있습니다.

참고로 저항선을 돌파할 때 거래량이 많고 큰 양봉일수록 긍정적으로 보며, 지지선이 이탈될 때 거래량이 많고 큰 음봉일수록 부정적으로 봅니다. 차트를 볼 때 거래량을 함께 봐야 하는 이유입니다. 거래량에 따라 해석이 달라질 수 있기 때문입니다.

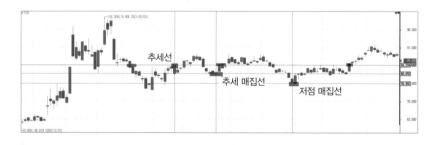

추세선은 지지선과 저항선이 자주 부딪히는 구간입니다. 매집선은 매수하기에 부담스럽지 않을 것으로 전망되는 구간을 의미합니다

추세선과 매집선의 개념

추세선과 매집선은 주가의 추세를 분석하기 위한 기준선입니다. 추세선은 지지선과 저항선 사이에서 매수와 매도가 많이 부딪히고 돌파와 이탈의 경험이 있는 구간입니다. 즉 주가 움직임의 중심이 되어주는 중심선으로, 추세선 위는 상방 추세이고 추세선 아래는 하방 추세로 개념을 잡을 수 있습니다.

추세선을 돌파해주는 모습을 보여주면 매수 긍정이며, 반대로 이탈되면 매도 권장이 되거나 저점 체크가 필요한 추세로 바뀝니다. 추세선은 박스권의 중심이기도 하며, 주가의 방향을 분석할 때 큰 도움이 됩니다.

매집선은 상대적으로 가장 매력적인 매수 타점을 의미하는데, 저점 매집선이 있고 추세 매집선이 있습니다. 추세 매집선은 추세선이 되기 직전의 지지 구간입니다. 저점 매집선은 잘 이탈되지 않고 잘 지켜주는 지지 구간을 의미합니다. 참고로 매집선은 저점이 확실하게 확인된 구간이 아니고 확률에 의존하므로 용어 그대로 '매집', 즉 분할로 모아갈 때 활용하는 가격대로 해석합니다.

주가에 따라 추세선과 매집선 역시 바뀌므로 한 번 정했다고 방치하지 말고 시세에 큰 변동이 있을 때 새롭게 구간을 분석해야 합니다. 차트선은 주가에 따라 계속해서 달라지므로 투자 계획을 세울 때 유용하게 활용하는 방식이며 100% 의존은 피합니다.

박스권으로 보는
상방과 하방

저자 직강 동영상 강의로 이해 쑥쑥!
QR코드를 스캔해서 동영상 강의를 보시고
이 칼럼을 읽으면 훨씬 이해가 잘 됩니다!

박스권은 기업의 주가 패턴을 확인해야 할 때 필요합니다. 참고로 기업의 주가나 증시의 지수가 박스권에 머무르고 있을 때 가장 많은 예수금을 사용하는 주체는 개인 투자자입니다. 이 점도 기억해두면 좋은 부분입니다.

일단 가장 먼저 해야 할 일은 상방과 하방을 잡는 일입니다. 그전에 현재 주가가 어떤 박스권에 있는지 알아둘 필요가 있는데 현재가에 해당하는 박스권, 추세 전환에 해당하는 박스권, 돌파에 해당하는 박스권 등으로 분류할 수 있습니다. 이후에 상방과 하방을 잡고 지지선과 저항선까지 잡으면 박스권 분석의 기반이 만들어집니다. 지지선과 저항선은 같은 방식으로 구분하면 됩니다.

박스권의 상방과 하방을 잡는 방법은 간단합니다. 현재가와 가장 가까운

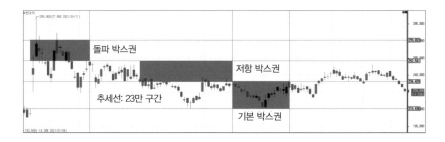

박스권은 3가지로 분류할 수 있습니다. 현재가에 위치한 기본 박스권, 추세 전환의 가능성을 알 수 있는 저항 박스권, 저항선을 돌파해 고점에 가까워지는 돌파 박스권입니다

박스권의 저항선과 가깝거나 돌파하면 상방인 상태이고, 그렇지 않고 지지선을 이탈하거나 박스권 자체를 벗어나면 하방으로 봅니다. 상방일 땐 돌파 시세가 나오는지 보고 매수에 주의하며, 하방일 땐 생명선을 체크하고 추가 매수를 할지 혹은 매도를 할지 판단합니다.

이렇게 박스권을 잡는 이유는 매매 타점을 잡고 비중을 더할지 덜어낼지 판단하기 위함입니다. 우리는 주식투자를 할 때 추가 매수를 하는 경우가 많이 있는데, 박스권으로 가격대를 구분해두고 추가 매수 타점을 잡으면 생각 이상으로 안전하고 편리하게 타점을 잡아볼 수 있습니다.

기본 박스권인 상태에 있고 지지선을 지지해주는 모습이 포착되면 추세선 밑으로 차분하게 모아볼 수 있으며, 추세선 이상으로 올라가고 저항 박스권에서 시세 돌파가 되지 못하고 하락하거나 그런 추세가 보이면 비중을 다시 줄여 차익실현을 하고, 다시 기본 박스권에 머물면 또 재매수를 하거나 추가 매수를 해서 비중을 더할 수 있습니다. 즉 박스권을 확인하는 이유는 반복 매매를 효율적으로 하기 위함입니다.

그러다가 돌파 박스권까지 상승하면 전고점 돌파를 위한 움직임인지 아니면 다시 저항대에 부딪혀 하락하는지 상황을 보며 차분하게 매매할 수 있습니다. 추가 매수도 이러한 상황에서 선택적으로 할 수 있는 것입니다. 계획적인 분석을 토대로 높은 확률에 투자하는 방식입니다. 반대로 기본 박스권 밑으로 하락하면 박스권 이탈로 보고 손절할지, 아니면 다음 지지 박스권을 분류해 추가 매수로 단가를 낮출지 판단할 수 있습니다.

박스권은 지지선과 저항선을 기준으로 주가가 박스에 갇혀 움직이지 않는 상태로 봅니다. 즉 '박스 안에서만 움직이고 있다'고 판단하는 것입니다. 그러다가 박스권 아래나 위로 이탈 및 돌파가 나와서 새로운 박스권에 진입하면 해당 박스에 갇히는지 아니면 다시 돌아오는지 움직임을 보는 것입니다. 주가는 일종의 패턴이 있고 회귀하는 성질을 가졌기에 다양한 박스권이 만들어지며, 이를 통해 매매 결정을 내릴 수 있습니다.

보조지표를
제대로 활용하기

주식투자를 할 때 차트를 분석하기 위해선 많은 시간이 필요합니다. 이를 돕는 보조지표가 존재하는데, 이동평균선과 거래량이 가장 대표적이고 기본적인 보조지표로 사용됩니다. 이동평균선 중에서 5일선은 단기 추세로

이동평균선은 5일선, 20일선, 60일선, 240일선을 보기를 추천합니다

보고, 20일선은 지지선, 60일선은 중기 추세선, 240일선은 매집선의 개념으로 활용할 수 있습니다.

이러한 기본지표 외에 투자에 긍정적인 도움을 주는 기술적 지표들을 살펴보고, 어떻게 활용해야 가장 효율적인지 알아보겠습니다.

먼저 추천하는 보조지표를 나열해보면 RSI 혹은 RMI, CCI, 볼린저밴드, 스토캐스틱입니다. 보조지표는 지난 차트 데이터를 기준으로 승률에 도움을 주려고 만들어졌습니다. 그러므로 참고용으로만 활용해야 더 효율적으로 사용할 수 있습니다. 필요할 때 도움이 될 보조지표만 골라 사용하면 됩니다.

RSI는 일정 기간 주가의 변화를 분석해 매매 구간을 분석해주는 지표로 70% 이상이면 매도 권장 신호이고, 30% 이하는 매수 권장 신호입니다.

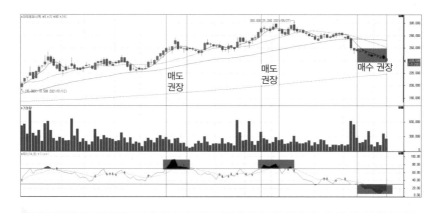

RSI는 완벽한 고점 매도를 만들어주진 않지만, 안정적인 매도 타점을 잡을 때 유용하게 쓰이는 보조지표입니다

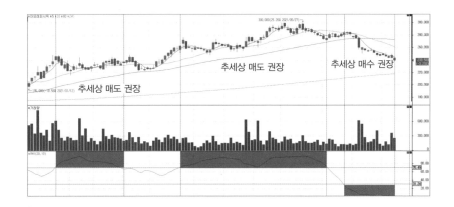

RMI는 주가 추세를 분석해 매매 신호를 알려주는 보조지표입니다. RSI에 비해 상대적으로 신호가 길고 범위가 넓습니다. 코스피·코스닥 지수와 함께 보면 더 좋습니다

RMI는 RSI 지표의 발전 형태로 추세 전환 시점을 분석해 매매 타점을 도와주는 기술 지표입니다. RMI가 70% 이상이면 매도 신호이고, 30% 이하는 매수 신호입니다. RMI는 RSI와 똑같으나 추세를 기준으로 본다는 차이가 있습니다. 신호 범위가 상대적으로 더 넓습니다. 둘 다 매매 타점을 잡을 때 참고합니다.

CCI는 평균 주가를 분석해 현재 시점에서 매매하기 적합한지 판단을 도와주는 기술 지표입니다. 0을 기준으로 CCI 하락 시 우하향 신호이고, CCI 상승 시 우상향 신호입니다. CCI는 종목 보유에 대해 고민할 때 유용하게 활용합니다.

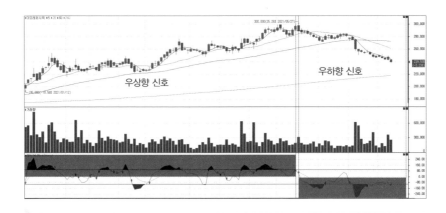

CCI는 평균 주가가 기준이라, 주가가 장기간 높은 상태일수록 CCI가 높게 나옵니다

스토캐스틱은 주가의 하락이나 반등의 움직임이 언제 나올지 분석할 때 도움을 줍니다. 20% 이하면 매수 신호이고, 80% 이상이면 매도 신호입니다. 주가 움직임을 기준으로 보기에 다양하게 응용할 수 있어 인기가 많습니다.

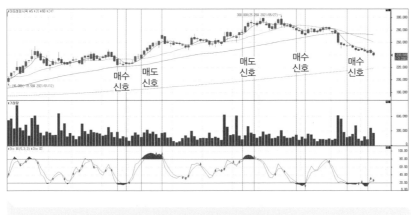

스토캐스틱은 비교적 정확도가 높아 많은 투자자들이 활용합니다

마지막으로 볼린저밴드는 주가의 박스권 움직임을 파악하고 앞으로의
방향을 분석할 때 쓰이는 기술 지표입니다. 이는 적중률이 높습니다. 상한
선, 중심선, 하한선으로 되어 있습니다. 상한선을 돌파하면 매도 신호이고,
이탈하면 매수 신호입니다. 아래 차트에서 굵은 주황선이 상한선, 초록선이
중심선, 파란선이 하한선입니다. 상한선을 강저항대로 보며, 중심선을 추세
선으로, 하한선을 생명선으로 판단합니다. 취향에 따라 상한선을 사용하지
않고 하한선만 사용해도 됩니다. 즉 하방 지지 여부만 보는 용도로 쓰이기
도 합니다. 저 역시 하한선만 사용하는데, 주가 움직임에 따라 볼린저밴드
역시 움직이므로 100% 신뢰할 수 있는 보조지표가 아니기도 하고, 특히 상
한선의 경우 우상향의 경우 매도 타점을 제대로 잡지 못하는 상황이 자주
발생하기 때문입니다. 즉 매도보다 매수를 위한 지표로 활용합니다.

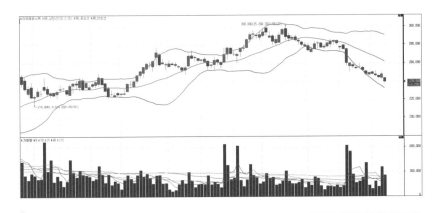

볼린저밴드의 상한선 근처가 매도 신호이고, 중심선은 추세선으로 주가 방향을 참고할 수 있
습니다. 하한선을 지지해주면 저점 매수 기준으로 볼 수 있으므로 하한선만 사용하는 투자자
가 많습니다

호가창을
제대로 활용하기

　호가창을 중요하게 생각하지 않는 투자자가 생각보다 많습니다. 하지만 호가창에는 생각 이상으로 많은 투자 정보가 노출되어 있습니다.

　기본적으로 주가는 실시간으로 움직이는데 매수하는 사람이 상대적으로 더 많을수록 주가가 오르며, 특히 시장가 매수가 많을 때 급등이 나오는 경우가 많습니다. 실시간 급등이 나오면 시장가 매수가 활발하다는 의미이며, 반대로 매도하는 사람이 많거나 시장가 매도가 많을수록 주가 하락 혹은 급락이 나옵니다. 이때 호가창이 많은 힌트를 주는데, 우리가 봐야 할 것은 '매매 잔량'입니다. 시장가 매수가 많이 나오고 있을 때 매도 잔량이 얼마나 있는지, 반대의 경우 매수 잔량이 얼마나 되는지 확인하는 것입니다. 그리고 어떤 가격대에 매물대가 많은지 보고 호가 지지, 호가 저항으로 잡습니

	3,563	231,000	0.65	상한 ↑	298,000	
	7,419	230,500	0.44			
	10,264	230,000	0.22			
	9,338	**229,500**	**0.00**			
	8,003	229,000	0.22			
	5,688	228,500	0.44			
	10,347	228,000	0.65			
	14,866	227,500	0.87			
	14,293	227,000	1.09			
	13,298	226,500	1.31	하한 ↓	161,000	
정적VI(예상)		226,000	1.53		24,693	
VI기준	227,500	225,500	1.74		46,692	
상승VI	250,500	225,000	1.96		115,792	
하락VI	204,500	224,500	2.18		65,825	
		224,000	2.40		59,857	
		223,500	2.61		16,247	
		223,000	2.83		26,931	
		222,500	3.05		9,036	
		222,000	3.27		13,075	
기본	VI(예상)	221,500	3.49		6,421	
	97,079		287,490		384,569	
		시간외			4,659	

호가창에서 매수·매도 매물대와 잔량을 볼 수 있으며, VI 기준, 상한가와 하한가의 가격대 역시 알 수 있습니다. 호가창에는 다양한 투자 정보가 노출되어 있습니다

다. 지지해주면 좋고, 저항을 돌파해주면 추가 상승을 노려볼 수 있습니다.

반대의 경우에는 부정적으로 봅니다. 실시간으로 호가가 움직일 땐 비논리적으로 움직일 때가 많아 때에 맞추어 대응해야 합니다. 이러한 개념이 생기는 이유는 시장가 매수가 많아지면 매도 걸어둔 매물을 빼서 더 비싼 가격에 놓는 심리가 커지고, 보유자가 매도 잔량에 놓지 않았는데 시세가 올라 있으면 비싸게 팔려고 하거나 보유하려는 심리가 생기기 때문입니다. 물론 이때에 맞추어 시장가 매도를 하는 투자자도 있으므로 호가와 거래량을 꼭 확인해야 합니다. 반대로 시장가 매도가 많으면 더 싸게 사려고 매수 취소를 해두므로 주가 하락이 생깁니다.

다음으로 VI의 가격대를 확인합니다. 상승VI와 하락VI의 가격대를 기억해두고, 상승VI에 가까워지는데 시장가 매수가 유지되고 매수세가 이어진다면 단타 타점으로 보거나 시세를 더 크게 봐도 되며, 반면에 하락VI에 가까워져도 매도세가 유지되면 나쁜 추세로 보는 것입니다. VI 근처에 매물이 많을수록 돌파하기 어려워지므로 잔량을 꼭 확인해야 합니다.

즉 주가가 움직일 때 호가창에 나타나는 매물 잔량을 보며 거래량을 확인하면서 돌파와 이탈 중 어떤 게 더 유리할지 판단할 때 강력한 힌트를 주는 셈입니다. 꼭 시장가 매매나 활발한 거래가 아닌 상태여도 호가창은 좋은 분석 자료가 됩니다. 거래량이 적고 움직임이 느린데 호가에 매물대가 전체적으로 많으면 주가 움직임이 더 제한적일 수 있겠다고 판단할 수 있으며, 매물대가 적은데 거래량이 많고 움직임이 빠르다면 단타투자자가 많거나 급격한 주가 변화가 나타날 수 있다는 분석을 해볼 수 있습니다. 이때 거래가 빠를수록 분봉 차트를 봐야 하며, 직전 거래량과 비교해야 합니다.

돌파와 이탈로 보는
해당 종목의 수급 상황

저자 직강 동영상 강의로 이해 쑥쑥!
QR코드를 스캔해서 동영상 강의를 보시고
이 칼럼을 읽으면 훨씬 이해가 잘 됩니다!

차트 투자를 하지 않더라도 돌파와 이탈에 대한 이해가 필요합니다. 가치주로 모아가는 장기투자를 한다고 해도 어떤 가격대에서 모아가고 분할 매도를 해야 좋을지 정하는 기준이 될 수 있으며, 기술적 투자를 하는 분들에겐 순환 투자에 도움을 주기 때문입니다.

돌파와 이탈을 표현할 때 박스권을 이야기하며, 지지선과 저항선의 개념을 적용해야 합니다. 쉽게 생각하면 박스권 안에서 저항대를 뚫고 상승하면 돌파이고, 지지선을 뚫고 하락하면 이탈이라고 볼 수 있습니다.

그밖에 지지와 지항 라인을 기준으로도 돌파와 이탈을 분석할 수 있습니다. 반복적으로 같은 구간을 지지해주면 매수 관심을 가져볼 수 있고, 같은 구간을 돌파하지 못하고 저항에 부딪히면 차익실현 지점으로 계획할 수 있

돌파하지 못한 곳이 저항선으로, 이탈하지 않고 지켜진 저점 구간을 지지선으로 보고 하나의 박스권으로 봅니다. 돌파나 이탈을 하게 될 때 어떻게 판단할지 미리 계획을 세우는 데 도움을 줍니다

습니다. 주가 등락의 속도가 빠를수록 단타 관점이 되기도 하니 다양하게 응용할 수 있습니다. 돌파가 이어질수록 우상향 가능성이 열리며 전고점 돌파로 목표가를 정할 수 있고, 이탈이 이어질수록 저점에 가까워지나 손실이 커지므로 이탈 구간 때 비중을 줄이거나 손절을 계획할 수 있습니다. 이렇게 돌파와 이탈을 적절히 활용하면 손실을 줄이거나 수익률을 더 올릴 수 있어 실전 투자에서 꼭 필요한 수급 분석입니다.

돌파와 이탈도 지지선과 저항선의 개념을 가지고 있어 이탈한 구간은 다시 돌파하거나 지지해야 하는 구간으로 바뀌고, 돌파한 구간을 지지하거나 이탈하는지 확인할 수 있는 구간으로 변합니다. 돌파와 이탈 역시 서로 뒤바뀌는 성질을 가집니다. 돌파가 이어질수록 수급이 좋고, 이탈이 이어질수록 수급이 나빠지고 있으며, 돌파와 이탈이 서로 뒤엉키면 수급 싸움이 진행되고 있다고 판단해서 박스권을 보고 비중 관리를 생각해볼 수 있습니다.

또한 거래량과 호가, 기타 재료를 보며 투자 판단의 근거로 삼을 수도 있습니다. 돌파와 이탈은 주가가 움직이는 방향을 꽤 사실적으로 볼 수 있습니다. 하지만 단순히 돌파와 이탈만으로 판단하기엔 투자 근거가 부족하고 매매 실수로 넘어갈 수 있으며 급등락 대응에 늦어질 수 있다는 단점이 있어 하나의 보조지표로 생각하면 좋습니다.

지금까지 소개된 매매기법과 차트 개념만 잘 익혀두어도 투자 실수를 줄이고 바람직한 계획 투자에 큰 도움이 되리라 생각합니다. 결국에 차트 분석이나 매매기법, 투자 기술은 모두 주식 승률을 높이기 위함이고, 손절보다 익절을 많이 하고 이를 통해 수익률을 올리기 위해 활용하는 방법의 일종입니다. 본인이 자신 있고 결과가 좋았던 방식들을 우선으로 공부하고 분석하면 좋은 결과가 나올 것입니다.

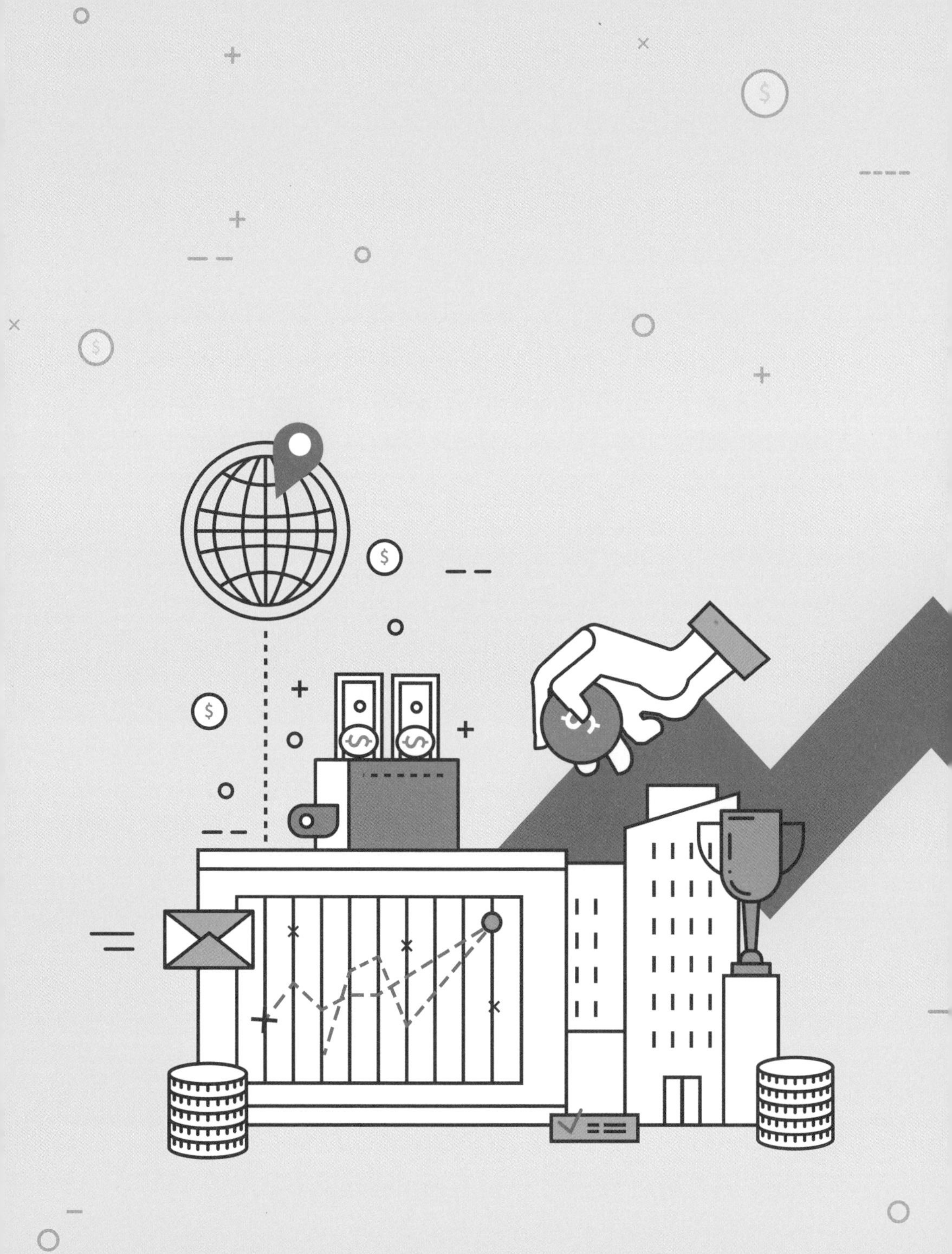

3장

손절을 줄이고 익절 가능성을 올려주는 방법들

주식의 시작은 매수이고 끝은 매도입니다. 그러한 매매에서 절대 따라해선 안 되는 여러 금기사항과 효율적인 매매 방법을 알고 있어야 합니다. 좋아보 인다는 이유로 무턱대고 매매하면 안 된다는 이야 기이며, 돌다리도 두들겨본다는 생각으로 충분히 검토하고 진입해야 합니다. 3장에서는 익절 가능성 을 올려주는 방법들을 담았습니다.

익절도
습관이다

저자 직강 동영상 강의로 이해 쑥쑥!
QR코드를 스캔해서 동영상 강의를 보시고
이 칼럼을 읽으면 훨씬 이해가 잘 됩니다!

주식투자는 꾸준히 버는 것이 중요합니다. 단기간에 한방에 수익을 보는 것 또한 기분 좋은 일이지만 다소 위험할 수 있습니다. 종목 선정을 할 때 단기로도 수익을 챙길 수 있고, 장기투자로도 익절이 가능한 기업을 선정하는 게 좋습니다. 가능한 단기·장기 수익을 모두 볼 수 있는 종목에 투자하고, 분할매매의 습관을 지녀야 합니다.

장기투자라고 해서 한 번 매수하고 가만히 있는 건 투자가 아니라 방치입니다. 저점에 잡았거나 수년 이상 보는 관점이어도 관리를 반드시 해줘야 합니다. 그런 과정에서 자연스레 익절을 습관화할 수 있고, 비중 관리가 익숙해집니다. 이러한 투자는 시장에서 무난하게 할 수 있고, 적응되면 자연스럽게 예수금 관리도 됩니다.

엠게임 일봉 차트입니다. 단기와 장기 수익을 모두 볼 수 있는 종목을 우선적으로 선별하고 투자하는 습관을 길러보기 바랍니다. 좌측부터 색칠 순서대로 장기투자 과정에서 단기 차익 실현이 가능한 구간입니다. 이후 남은 물량을 관리하면서 필요할 때 추가 매수 등을 통해 추가 공략이 가능합니다. 장기투자라고 무조건 가지고만 있는 것이 아니라, 필요할 때 분할 매매를 해야 합니다

　그렇다면 어떤 기업을 우선으로 봐야 좋을까요? 시장 상황과 기업에 따라 차이가 크기 때문에 정답은 없지만, 기술적으로 도움이 되는 방법을 짚어보자면 기본적으로 시장에서 장기간 관심을 이끌 수 있는 산업을 보유해야 합니다.

　예를 들어 엠게임의 경우 게임 산업이면서 2021년에는 메타버스 섹터가 되었으며, 메타버스는 새로운 디지털 뉴딜 산업으로 펀드 호재가 나오고 있고 세계적으로 장기간 투자할 것으로 전망되는 산업입니다. 또한 엠게임에서 출시하는 게임들의 실적 역시 기대감이 나오고 있던 추세였습니다. 이런 식으로 기업이 가지고 있는 호재나 산업, 매출 등을 고려할 때 지속적으로 시장에서 투자자들을 불러 모으는 힘을 가졌는지 봐야 합니다.

　그 밖에 2차전지라고 하면 중·소형주 기준으로는 삼성SDI, LG화학 등과 지속적으로 공급 계약을 맺는지, 실적 기대감을 가질 수 있는 재료가 사

장기투자로 가져가면 전량 익절하지 않고 일부 물량을 가진 상태에서 지지선을 잡고 하방 지지 때 추가 매수를 하는 식으로 비중 관리를 합니다. 좌측부터 색칠 순서대로 차익실현이 가능했던 지점인데 스윙(3개월 이내 익절 목표 투자 기법) 기준으로 가져갈 수 있고, 선택적으로 장기 투자도 가능하며, 단기 수익도 노려볼 수 있습니다. 시장에서 장기간 주목 받을 수 있고 주가 상승이 가능할 정도로 투자자들에게 관심 받을 수 있는 기업이 좋습니다. 알아보는 방법은 거래량과 직전 차트를 보면 되며, 동종 업종과 비교해야 합니다

라지지 않고 계속해서 나올 수 있는지 등을 위주로 보면 됩니다. 자동차 산업 역시 현대차, 기아차 등 매출과 연관 있고 요즘은 전기차가 대세이니 그쪽으로 성장성이 있는지를 보면 됩니다. 반도체는 공장 증설이나 매출 향상 등을 보면 됩니다.

기술주라면 주로 성장성과 영업이익 향상 위주로 보고 재무제표에 비해 저평가되어 있는 기업을 우선으로 보는 것이 좋으며, 마찬가지로 투자자들이 관심 가지고 있는지를 보는 것이 좋습니다. 투자자의 관심을 보는 방법은 거래량을 확인해보는 것입니다. 비슷한 시가총액과 동종 업종과 거래량 차이를 보고, 종목 자체의 평균 거래량을 보면서 거래량이 계속해서 빠지는 추세인지 유지가 되고 있거나 상승 중인지 보면서 시장 속 기대감을 분석할 수 있습니다.

테마주라면 미중 무역 전쟁이 나올 전망이 있는 시장에서 봐야 할 것은

희토류 관련주가 대표적이고, 이것 역시 단기·장기 모두 공략이 가능하겠습니다. 희토류는 중국에서 독점 형태로 가진 자원으로 주요 산업에서 필수적으로 사용됩니다. 중국이 미국과의 경쟁 구도에서 우위를 가지고 있는 패 중 하나입니다.

좋은 익절 습관을 기르고 싶다면 단타에 의존하지 말고 기본 스윙으로 볼 수 있으면서 선택적으로 장기투자도 되고 그 과정에서 단기 수익도 가능한 종목 위주로 선별해 투자하기 바랍니다. 어렵다면 목표가를 처음부터 크게 잡지 않거나 3% 이상부터 익절을 고려한다든지, 나만의 최소 익절 퍼센트를 정해 욕심을 최대한 버리고 기계적인 매매를 해보기 바랍니다. 주식 투자는 충분한 연습 매매가 있을수록 좋으므로 소액으로 하면서 데이터를 쌓고 가장 이상적인 투자법을 완성합시다.

주린이들이 하면 안 되는 금기 사항

지금부터 주린이들이 하면 안 되는 투자, 꼭 피해야 하는 부분들을 살펴보겠습니다. 초보 투자자들은 금기 사항만 잘 명심해도 투자 승률을 높일 수 있습니다.

기본적으로 월봉 기준으로 고점에 있는 종목은 관심을 가지지 말아야 합니다. 거래량이 점점 줄어들면서 우하향하는 종목 또한 당분간 관심 종목에서 제외해야 합니다. 즉 추세가 나쁘거나 기대 수익률이 낮은 종목을 주의해야 합니다.

또한 단기간에 급등하는 종목을 절대로 추격 매수하지 않아야 하고, 예수금을 모두 사용하거나 한 종목에 모든 돈을 투자하는 것 또한 하지 말아야 합니다.

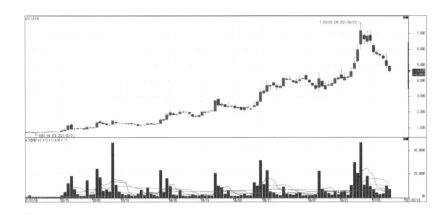

고점을 찍고 우하향하는 경우에는 하방 지지가 어디에서 되는지 판단하고 추세 전환이 되는지 확인한 후에 진입 여부를 계산해야 합니다. 바닥이 어디인지 모르기 때문입니다. 고점에 있는 종목을 가급적 피해야 하는 이유이며, 고점에 있다면 섣불리 매수하지 않고 더 올라갈 수 있는지 며칠 지켜보고 차분하게 매매해야 합니다. 바닥이 어디인지 모르므로 섣부른 투자는 독이 됩니다

주식 초보자가 가장 어려워하는 게 바로 대응입니다. 손절 또한 어려워하고 비중 관리를 하는 방법을 잘 모르기 때문입니다. 언제 팔고 욕심을 비워야 하는지 모르고, 설령 알더라도 그런 순간이 닥치면 결단을 잘 못 내립니다. 그렇기에 애초 고점 매수, 추격 매수, 한방 매수, 단타 스캘핑을 하지 말아야 합니다.

무엇보다 누가 '이게 좋다더라' 하는 근거가 빈약한 기업, 재무제표가 형편없는 기업도 피해야 합니다. 주가가 왜 움직이는지 이유를 알 수 없는 영문모를 종목에도 섣불리 투자하지 않아야 합니다.

초보 투자자일수록 내가 컨트롤할 수 있고, 기업에 대해 이해하고 있으며, 테마로 움직이더라도 근거에 대해 잘 알고 있는 종목 위주로 매매해야

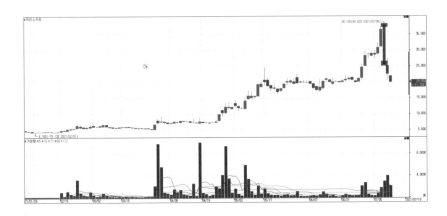

고점에서 장대음봉의 큰 하락폭이 나오면 도망쳐야 하는 대표적인 신호입니다. 하지만 초보 투자자분들은 대응을 어려워하기 때문에 갑작스러운 상황이 닥치면 어쩔 줄 몰라 합니다. 언제 도망쳐야 하고 안심해도 되는지 알기 어렵기 때문입니다

합니다. 초심자의 행운만 믿고 연습이라는 핑계로 아무 종목에나 막 들어가면 안 됩니다. 그래서 저는 초보 투자자들에게 테마주를 피하고 우량주나 가치주, 실적주에 투자하기를 권장합니다.

투자 심리를 이 정도로 잡고 들어가면 매매 실수, 억울한 상황을 최소로 할 수 있습니다. 기술적인 부분도 이후 차근차근 살펴보도록 하겠습니다. 주식은 기초가 중요하므로 먼저 심리를 잘 잡고 들어가야 합니다. 사람이 하는 투자이다 보니 마음가짐이 가장 중요합니다.

거래량이 터졌을 때
꼭 해야 할 일

저자 직강 동영상 강의로 이해 쑥쑥!
QR코드를 스캔해서 동영상 강의를 보시고
이 칼럼을 읽으면 훨씬 이해가 잘 됩니다!

　실전 투자에서 반드시 봐야 하는 것이 '거래량'입니다. 뉴스도 속이고 차트도 속일 수 있지만, 속이지 못하는 것이 거래대금과 거래량입니다. 실제로 매매된 물량과 돈의 움직임을 확실하게 계산할 수 있기 때문입니다. 뉴스로는 얼마든지 가짜 뉴스를 만들어 투자에 혼란을 줄 수 있으나, 거래량은 있는 그대로 반영되므로 절대 속일 수 없습니다.

　물론 자전 거래나 복수 계좌 매매로 시도를 해볼 순 있지만 쉬운 작업이 아니며, 그것 또한 구분할 수 있어 거래량 눈속임은 잘 하지 않습니다. 그래서 요즘은 윗꼬리에서 대량 매도를 해서 먹튀처럼 위장하고 밑꼬리나 지지선에서 다시 대량 매수를 하는 식으로 개미털기를 하곤 하는데, 이런 패턴들이 나오는 이유도 거래량을 속일 수 없어 '매도했다'는 사실을 만들고 다

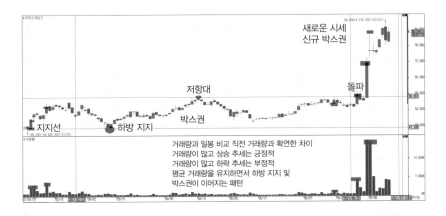

카카오게임즈 일봉 차트입니다. 투자자라면 지지선과 저항대를 잡고 하방 지지와 박스권 표시를 할 수 있어야 합니다. 횡보하다가 인상적인 거래량이 나오고 추세 상승으로 전환되면서 주가 상승이 나오며 신규 박스권으로 진입한 모습입니다

시 밑에서 매수해서 혼란을 주기 위함입니다. 그만큼 거래량은 솔직한 면이 있습니다. 대략적인 매집 기간도 알 수 있고 큰손들이 들어왔거나 빠졌는지 높은 확률로 알 수 있는데, 앞서 말한 변칙들을 제외하면 기본적으로 분석됩니다. 거래량은 가장 중요한 분석 지표 중 하나입니다.

대량 거래량이 나올 때 큰손이 다른 투자자들을 유혹하기 위해 시장가 매매를 하는 경우가 많습니다. 순간 대량으로 시장가 거래를 하고 이것을 포착한 투자자들이 진입하면서 거래량이 늘어나는 방식입니다. 즉 대량 거래량이 나오기 이전에 박스권을 안정적으로 유지하면서 횡보가 길어지면 대량 거래가 나올 것에 대비해 매집하고 있진 않을까 하는 분석도 가능합니다. 주식을 하다 보면 주가 횡보 상태를 자주 접하게 되는데, 이때 평균 거래량을 확인하고 거래량의 변화가 없다면 지지와 저항이 어느 가격대에

서 되는지 확인할 수 있습니다. 이것으로 박스권을 가볍게 잡을 수 있고, 이후에 평균 거래량이나 직전 거래량보다 거래량이 오르면서 주가의 움직임이 있다면 추세에 따라 긍정 혹은 부정으로 구분지어 분석할 수 있습니다.

거래량이 많고 상승 추세이면 긍정적으로 보며, 거래량이 많고 하락 추세이면 부정적으로 봅니다. 즉 사는 사람이 더 많은지 아니면 파는 사람이 더 많은지 확인하는데, 이때 저항을 돌파하는지 아니면 지지선의 주가를 지켜주며 움직이는지 추세를 확인하는 것입니다. 이런 방법을 익혀두면 보유하고 있을 때 기대 수익률을 효과적으로 올릴 수 있고, 신규 진입을 할 때도 안정적인 매매가 가능해집니다. 혹은 선취매로 미리 진입해놓고 판단할 수도 있습니다. 기본을 익혀두면 얼마든지 응용해 좋은 투자가 가능합니다.

아래의 우리바이오 일봉 차트를 보면 대량 거래량이 발생하고 장대양봉이 되면서 큰 상승이 있었습니다. 이후에 비슷한 거래량이 나오면서 장대음

우리바이오 일봉 차트입니다. 이런 테마주는 이슈에 따라 거래량의 차이가 확연하게 나타납니다. 반면에 큰 변동성을 가지고 있는 종목은 거래량을 더 중요하게 봐야 합니다

봉이 되는데 차익실현이 되었고, 매수보다 매도가 우위라는 사실을 알 수 있습니다. 이땐 진입해선 안 되고, 보유하고 있다면 매도해야 합니다.

이후 거래량이 상대적으로 줄어들었지만, 평균 거래량보단 많은 거래량을 보이며 하락 추세에 접어듭니다. 고점에 잘못 물리면 장기간 고생할 수 있고 추가 매수 없인 탈출할 수 없는 상황에 직면할 수 있습니다. 변동성이 큰 테마주를 매매한다면 거래량을 더욱 더 확인해야 합니다. 이후에 다시 호재가 나오며 직전 거래량보다 거래량이 상승하며 상승 추세가 되었고, 다시 장대양봉이 나왔으나 직전 고점 때와 비슷한 패턴을 보이며 다시 하락 추세로 전환됩니다. 저항선을 돌파하지 못한 점이 또 보이는 부분입니다. 이런 패턴은 실전에서 흔하기에 기본적으로 파악하고 있으면 좋습니다. 그런데 거래량이 적은 상태에서 상승하거나 하락할 땐 어떻게 해야 할까요?

아래 차트에서 보듯 우정바이오의 경우 장대양봉 때 대량 거래량이 발

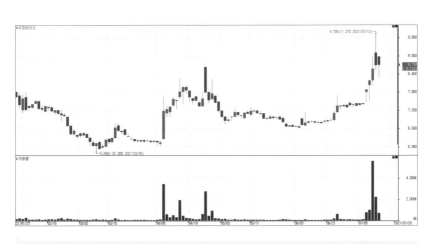

많은 거래량이 나온 장대음봉 이후 적은 거래량으로 하락 추세를 보이고 있습니다

생하고 이후 상승하다가 장대음봉 때 많은 거래량이 나오고 이후 흑삼병이 나오면서 하락 추세가 되었습니다. 계단식 하락을 보일 때 적은 거래량을 보이는데, 첫 장대양봉 때 저점 매수를 했던 사람들이 조금 더 보유하고 있는 것으로 전망할 수 있습니다. 아직 추가 상승의 가능성이 있다고 판단하고 있는 것이지요.

이후 아래 차트에서 보듯 평균 거래량으로 돌아가고 횡보 패턴이 나옵니다. 주식투자를 하면서 흔히 접할 수 있는 상황입니다. 초보 투자자분들이 고점 매수와 추격 매수를 해선 안 되는 이유이기도 합니다. 장대음봉 근처에서 매수했다면 7,800~8,400원 근처의 평단가로 보유하고 있어야 하는데, 7,200원 밑의 주가를 유지하며 장기간 횡보하는 모습입니다. 약 10% 이상의 손실을 약 2개월간 경험하게 되는 건데, 물론 주식을 하다 보면 쉽게 경험할 수 있는 상황입니다. 다만 우정바이오 일봉은 꽤 좋은 상황을 보여준 것입니다.

대량 거래량 발생 이후 적은 거래량이 이어지면서 우하향하고 있는 모습입니다

왼쪽 페이지의 인성정보 일봉 차트를 보면 3,000원 근처 고점까지 상승하고 약 반년 이상 우하향을 하는 모습을 볼 수 있습니다. 이때 평균 거래량을 보면 장대양봉 때 발생한 거래량에 미치지 못하고 적은 거래량으로 계속 떨어지고 있습니다. 거래량이 적은 상태에서 주가가 하락할 때 각별히 견제하고 주의해야 하는 이유입니다.

　강조하는 내용을 정리하자면, 대량 거래량이 발생하고 장대양봉이 나오면 큰 수급이 들어온 것으로 보고 긍정적으로 보며, 그들의 돈이 빠지지 않으면 상승 추세를 지속적으로 볼 수 있습니다. 돈이 빠지는지는 장대음봉이 나오거나 직전 대량 거래량과 비슷한 거래량이 발생하며 하락을 하는지 등을 보면 알 수 있습니다. 단, 우정바이오나 인성정보처럼 적은 거래량으로도 충분히 주가가 크게 빠지거나 우하향 추세가 될 수 있다는 사실을 알고 있어야 합니다. 확신에 주의하고 방심해선 안 됩니다. 그렇기에 손절가를 정해두어야 하며 추가 매수를 한다면 어떤 지점에서 할지와 보유 기한을 계획해야 합니다. 지지와 저항을 잡아야 하며, 박스권을 볼 땐 하방 지지가 어디에서 되는지 확인해둬야 합니다. 즉 데이터를 쌓아두며 매매하는 것입니다. 저항을 여러 차례 돌파하지 못하고 하락하며 거래량이 줄어드는 추세가 되면 직전 저점, 지지를 이탈할 확률이 오르는 것을 알 수 있습니다.

　다음 페이지의 인성정보 3분봉 차트처럼 일봉이 아니라 분봉 차트와 분봉 거래량을 보며 투자하는 방법도 있습니다. 흔히 1분봉, 3분봉, 15분봉, 이렇게 3가지로 구분해보는데, 정답은 없고 편한 방식으로 보면 됩니다. 분봉으로 보는 이유는 매매 타점을 세밀하게 보기 위함이며 흔히 단타, 스캘핑을 할 때 주로 봅니다. 하지만 단기, 스윙 타점을 잡을 때도 분봉을 유용하

2021년 7월 13일의 인성정보 3분봉 차트입니다. 분봉을 보고 매매할 때 참고할 수 있는 방법입니다

게 활용할 수 있습니다. 3분봉 기준으로 설명하면 오전 9시 20분 이후의 시세를 기준으로 지지와 저항을 잡습니다. 그렇게 하는 이유는 오전 9시부터 10시 30분까지 단타가 가장 활발할 시간대인데 그중 오전 9시 30분까지 주가 변동이 심하기 때문입니다.

3분봉 7봉부터 보면 오전 9시 20분 근처가 됩니다. 7봉째의 저점을 지지선, 고점을 저항선으로 잡고 전날 저점을 생명선으로 잡습니다. 단, 전날 저점과 당일 시초와의 주가 차이가 5% 이상 난다면 생명선과 갭 차이가 커 주가가 하락할수록 손실이 커질 수 있습니다. 그런 경우에는 7봉째 저점 지지선을 생명선으로 봐도 됩니다. 지지선을 벗어나면 매수하지 않고 손실이 크지 않은 상태면 손절하거나, 추가 매수를 할 생각이라면 하방 지지가 되는지 보고 차분하게 매매하는 형태로 계획할 수 있습니다. 이제 저항선을 돌파하거나 근처에서 박스권이 형성되면 긍정적 추세로 볼 수 있습니다.

인성정보의 3분봉 차트를 보면 지지선을 벗어났다가 하방 지지가 되고 다시 상승해 지지선을 다시 지지해주는 모습을 볼 수 있습니다. 변동성이 큰 시기를 벗어난 것입니다. 이후 횡보할 때 저항선 근처에서 박스권을 형성하는 모습을 볼 수 있습니다. 7봉째에서 매매 계획을 세워두었다면 수익권이거나 본절 구간이 되는 셈입니다. 거래량도 평균치를 웃돌며 횡보하다가 대량 거래량이 발생하고 장대양봉이 나오는 모습입니다. 이때 1분봉으로 전환해 매도를 더 디테일하게 잡을 수 있고, 아니라면 3분봉을 유지하며 매도를 고려하면 됩니다.

이후 장대양봉을 새로운 지지와 저항 구간으로 잡고, 신규 박스권으로 추정해 추세를 지켜볼 수 있습니다. 하지만 이렇게 하루만에 상승하지 않고 시간이 더 오래 걸리거나 하락할 가능성도 있으므로 생명선과 손절가를 잡기도 합니다.

주식은 상승뿐만 아니라 횡보와 하락 역시 꼭 계획에 포함해서 매매해야 합니다. 장대양봉의 지지선을 지지해주고 마감 직전 다시 상승하는 모습을 볼 수 있습니다. 이렇게 되면 다음 거래일에서 추가 시세를 노려볼 수 있겠지요. 분봉은 이러한 과정으로 분석하면 되겠습니다.

참고로 하방 지지가 된 당일 분봉 가격대를 생명선으로 잡아볼 수도 있습니다. 그러면 2,725원 근처를 생명선으로 새로이 잡을 수 있고 지지선, 저항선, 생명선을 모두 잡아두고 기술적 매매를 진행할 수 있게 됩니다. 이것의 장점은 투자 심리를 확인할 수 있다는 것이고, 단점은 갑자기 주가 하락이 나타나면 결국 손절하게 될 수 있다는 것입니다. 그러므로 단타를 하더라도 분할로 접근하는 것이 위기관리에 유리하겠고, 스윙 이상으로 보면 기본 2~3회 이상 분할매매를 해야 합니다. 그러면 갑자기 주가가 하락해도 다음 하방에서 추가 매수해 평균 단가를 낮추면 되기에 상대적으로 덜 불안합니다.

투자는 사람이 하는 것이므로 심리 관리가 정말 중요합니다. 다만 우하향 추세이거나 시장 자체가 하락장이면 섣부르게 추가 매수를 하지 않고 예수금 관리를 해야 합니다. 바닥이 어디인지 모르는 상황에선 데이터를 쌓아놓고 투자한다는 관점을 잊지 말아야 합니다.

월봉 차트도 중요한 역할을 합니다. 월봉 차트는 기본적으로 우상향, 우하향 추세를 보기 위해 분석합니다. 분봉, 일봉, 주봉, 월봉 모두 같은 개념이지만 기한을 기준으로 펼쳐놓고 보느냐, 아니면 합쳐서 보느냐의 차이입니다. 월봉 차트를 보면 매우 오래전 추세까지 함께 볼 수 있고, 이때도 거래량을 같이 봐야 합니다.

AP위성의 월봉 차트를 보면 2016년 3월부터 2020년까지 제대로 주목받

AP위성 월봉 차트입니다. 거래량의 차이를 우선적으로 확인해야 합니다

지 못하고 평균 거래량이 상대적으로 적었다가 2021년부터 대량 거래량이 발생하고 장대음봉으로 이어지는 모습을 볼 수 있습니다. 그동안 관심을 못 받던 주식에 투자자가 몰리게 되면 우상향 패턴이 나오기 쉬워집니다. 그 이유는 장기간 가보지 못한 가격대에 도달하기 때문입니다. 2016년부터 4년간 AP위성은 12,400원 밑으로 주가가 움직였으며, 2020년 3월에는 4,550원까지 하락했습니다. 그리고 2021년 1월에 역사적 거래량이 나오면서 12,100원 고점을 찍고 1만원 근처의 가격대가 형성됩니다. 추세가 단기간에 바뀐 모습을 볼 수 있습니다. 이후 일봉을 보며 현재까지 배운 부분들을 활용하며 분석해보면 많은 정보가 보일 것입니다. 대량 거래량이 이어지면서 주가가 우상향하는 모습을 볼 수 있습니다. 이후 조정과 횡보를 보이고 2021년 이전과는 다른 박스권이 형성되는 것 또한 확인 가능합니다.

이때 우리가 알 수 있는 부분은 월봉에서 역사적 거래량이 나오고 우상

2021년 1월 27일부터 대량 거래량이 발생하고, 2021년 2월 22일까지 우상향하고 다시 하락한 모습입니다. 13,600~18,900원 근처의 새로운 박스권이 나온 것을 볼 수 있습니다

향 추세를 보이는 종목은 예전과는 다른 주가 움직임을 보인다는 사실입니다. 또한 투자자가 몰리고 인기 종목이 되면서 주가 변동 또한 커진다는 사실도 알 수 있었습니다. 이후 지지와 저항을 잡고 기업이 가진 모멘텀 등을 분석하며 투자하면 좋은 수익을 노려볼 수 있습니다. 기존 보유를 하고 있던 투자자들도 섣불리 매도하지 않고 추세를 지속 분석하며 적절한 매도 타점을 잡을 수 있습니다.

우리가 차트를 분석하고 확인하는 이유가 단순히 기술적 매매만을 위한, 테크닉에만 의존하기 위함은 아닙니다. 차트투자라고 하면 기술투자만 떠올릴 수 있으나 가치투자, 장기투자를 할 때도 응용할 수 있는 방향이 다양하며, 차트 자체가 시세 분석을 위해 존재하는 것이기에 투자를 이어갈 때 알아두어서 나쁠 것이 없습니다. 그렇기에 차트만 보고 투자한다는 개념이 아니라 차트에서 잡을 수 있는 지지선, 저항선 등의 기술 지표와 함께 기업의 재무제표, 이슈, 모멘텀, 재료, 호재 뉴스, 악재 뉴스 등을 모두 함께 볼수록 투자 승률이 올라가고 기대 수익률을 올릴 수 있으며 손실을 줄입니다.

주식을 할 땐 장점이 되고 도움을 받을 수 있는 부분들을 최대한 활용하는 게 중요합니다. 그렇다고 무리하게 전부 응용하려 하면 어려울 수 있으니 처음에는 내가 자신 있는 방법 위주로 투자합시다.

저점 구간을 체크하면
익절 가능성이 높아진다

저자 직강 동영상 강의로 이해 쏙쏙!
QR코드를 스캔해서 동영상 강의를 보시고
이 칼럼을 읽으면 훨씬 이해가 잘 됩니다!

저점을 맞추려는 행동은 절대 피해야 합니다. 그 누구도 저점을 확실하게 알 수 없으며, 모두 확률에 의존하는 것입니다. 도둑 잡기에서 조커를 뽑을 확률을 계산하는 것과 같습니다. 확률이 높다고 안전한 투자인 것이 아닙니다. '바닥인 줄 알고 매수했다가 지하실을 뚫고 간다'는 격언이 괜히 나온 게 아닙니다. 우리가 할 일은 저점 구간을 체크해서 결과적인 지난 데이터로 쌓아두고 투자 계획을 잡는 것입니다.

흔히 차트에 대해 '선행성이다' '후행성이다' 의견이 갈리는데, 후행성에 나온 부분들을 분석함으로써 선행을 예상해 계획을 세우고 이에 맞게 대응 투자를 하는 것이 차트 분석의 개념입니다. 지금의 저점 공략도 마찬가지입니다. 저점이라 확신하고 곧바로 투자하는 것보다 최대한 확률을 높이고 동원할 수 있는 분석 방식을 총동원하는 것이 훨씬 유리합니다. 그렇게 하려면 먼저 저점 구간들을 확인만 해놓아도 전혀 손해가 아닙니다. 저점을 놓치면 수익률이 낮아지고 매수 타점을 놓칠 수 있지만, 잃을 일은 없습니다. 수익을 더 욕심내려다 손실을 얻거나 장기간 물리게 됩니다. 변수에 주의하고 최대한 실수를 줄여 계획적인 투자를 반복해야 자연스레 수익이 늘어나는 것입니다.

주가가 단기간에 급등했고 이를 지지해주는 모습을 보여주면 이후에는 저점 체크를 시작합니다. 고점에 따라잡지 말고 매수 기회를 주지 않고 우상향을 하면, 단타로 접근하는 게 아니라면 다른 종목을 발굴합니다. 하지만 아래의 차트처럼 새로운 박스권의 시세를 만들어주면 저점을 충분히 잡고 분할매매를 계획할 수 있습니다. 비슷한 저점 구간을 지지해주며 박스권의 움직임을 보이면 다중 바닥 지지로 보고, 그곳을 1차 매수 타점으로 고려합니다. 이후 같은 구간 근처로 주가가 하락하면 추가 매수를 고려하거나 또 지지를 해주는지 확인하며 비중을 결정합니다.

좌측부터 색칠 순서대로 저점 구간입니다. 저점 구간을 체크하면 익절 가능성이 올라갑니다. 현재 차트 이후 현대로템은 2021년 6월 14일 기준 26,600원 고점을 찍었습니다

앞서 배운 방법을 응용하면 저항대도 잡을 수 있는데, 반복 수익을 노려볼 수 있습니다. 저항 근처를 돌파하지 못하면 분할 익절을 하는 식으로 수익률을 올리고, 다시 다중 바닥 구간을 보면 매수하고, 저항을 돌파하면 우상향을 전망으로 '단기지지, 단기 저항'을 잡고 대응합니다.

이렇게 현대로템을 공략했다면 19,500원 밑에서 반복 매수를 하고 21,000원 근처에서 반복 매도를 하다가 저항 돌파 이후 26,600원 고점 근처 매도를 노려볼 수도 있습니다. 이후 23,000원 근처 박스권을 만들려는 움직임을 보이니 같은 방식으로 접근해서 반복 수익을 목표로 할 수 있습니다. 만약 같은 시세를 주지 않고 이탈을 하게 되면, 그땐 더 저점에서 추가 매수를 목표로 하거나 아니면 손절해 관리하는 방법도 있습니다. 중요한 것은 저점 체크이며, 비슷한 저점 구간을 얼마나 반복해 지지해주는지, 이러한 다중 바닥 지지 패턴이 얼마나 안정적으로 나오는지 보는 것입니다.

저점 체크를 하는 이유는 이렇게 우하향을 하더라도 추가 매매 타점을 잡거나 저항대를 분석하기 쉽기 때문입니다. 또한 어디까지 떨어질지 알기 어려우므로 저점 체크 이후 타점을 잡는다면 항상 분할 매매를 고려해야 하며, 추세가 나쁘면 천천히 판단해야 합니다. 우량주도 고점을 찍고 지수와 무관하게 우하향을 할 수 있습니다. 물론 저점 체크가 절대적인 것은 아닙니다. 하지만 '돌다리도 두들겨본다'는 말을 주식 시장에 적용할 수 있습니다

차트만 보지 말고 기업 자체 이슈와 기대감, 재무제표, 실적, 공시 등을 함께 보면 좋습니다. 즉 이 책에서 설명하고 있는 기법들을 모두 적절히 활용하는 것입니다.

앞 페이지의 차트에서처럼 우량주여도 우하향을 하는 경우가 있기 때문입니다. 이땐 손절하고 재매수를 노리거나 더 저점에서 추가 매수를 계획하는 방향으로 접근합니다. 좌측부터 색칠 순서대로 매수 타점으로 저점 구간이 확인됩니다. 언제 매수하는 게 유리한지를 알 수 있으나 이후 주가가 더 하락하면 손실을 피할 수 없는 것입니다. 절대적인 의존을 해선 안 되지만 승률을 높이는 것은 분명합니다.

주식은 100% 승리가 없으므로 나의 투자 승률을 높이는 방법에 대해 끊임없이 연구하고 실전 투자에서 응용해 수익률로 성적을 내야 합니다. 수익률, 투자 승률이 나쁘면 어떻게 개선해야 하는지 자기 자신에게 질문하고 답을 구해야 합니다. 다양한 매매기법을 접하고 고수들의 투자 정신과 그들의 방식을 공부하는 이유도 나에게 가장 적절한 방법을 알아내고 이를 통해 주식투자 승률을 상승시키기 위함입니다.

예수금을
확보하는 방법

저자 직강 동영상 강의로 이해 쏙쏙!
QR코드를 스캔해서 동영상 강의를 보시고
이 칼럼을 읽으면 훨씬 이해가 잘 됩니다!

    어디를 가도 "예수금을 챙겨야 하고 관리하라"는 말을 많이 접해봤을 겁니다. 어려운 일은 아니지만, 투자하다 보면 욕심도 생기고 기대감에 섣불리 매도하기가 어려워집니다. 그러다 보면 예수금이 점점 줄어들고, 하락장이 오면 후회하고 악순환이 반복되는 경우가 빈번해집니다. 이땐 투자 방식을 아예 바꾸면 어느 정도 해결됩니다. 그것은 바로 분할매매와 분산투자 그리고 본절 매도입니다.

    내가 잡을 수 있는 지지선, 저항선, 추세선, 다중 바닥 등을 모두 잡아둡니다. 또한 대량 거래량도 같이 확인합니다. 그리고 기업이 가진 재료와 호재, 가치가 중요한 종목이라면 재무제표, 실적, 공시, 전환사채 여부 등을 모두 확인하고 코스피·코스닥 지수의 움직임을 보며 투자를 진행합니다. 지지

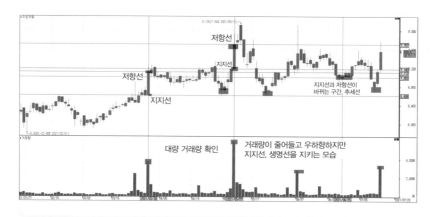

앞에서 익힌 기법과 예수금 관리법을 같이 활용하면 더 좋습니다. 지지와 저항을 잡고 거래량
을 확인하며 박스권과 저점 구간과 추세선을 잡을 수 있습니다

와 저항에 맞추어 분할매매를 하면 비중 관리를 할 수 있습니다.

또한 한 번에 사지 않고 한 종목에 일괄 투자하지 않습니다. 분산투자를
하는 것입니다. 그러면 자연스럽게 안전매매를 하는 것인데, 여기서 끝나면
주가가 크게 떨어지거나 우하향을 하면 손실이 커질 수 있습니다.

초보 투자자들이 잘 하지 않는 것 중 하나가 '본절 매도'입니다. 쉽지만,
하기 어렵기도 합니다. 본절 매도란 본전 수준이거나 약손실 구간에서 매도
하는 것을 말합니다.

본절에는 몇 가지 규칙이 존재합니다. 앞으로 시장이나 주가의 하락 가능
성이 높거나, 매수 이후 주가가 상승했고 시간이 흘러 다시 평단가 근처로
오거나 밑으로 조금 떨어졌을 때 본절 매도를 고려하는 것입니다. 이렇게
하면 주가가 더 하락하면 오히려 저점 매수를 고려해볼 수 있고, 손실을 피
할 수 있습니다. 단점은 이후 급등이 나오거나 우상향을 해서 도리어 매수

타점을 놓칠 수 있다는 것인데, 지지와 저항을 다시 잡아 복수전을 해도 되고 아니면 일부 비중만 본절하고 나머지는 길게 보는 형태로 끌고 가도 됩니다.

본절 매도는 매매방식 중 하나이고, 분석과 판단에 따라 결과가 달라집니다. 하지만 과거를 돌이켜보면 본절 매도를 통해 유리할 수 있었던 상황이 생각보다 많을 겁니다. 본절 매도는 투자 고수들도 많이 사용하는 매도 방식이니 익혀두어서 나쁠 것이 없습니다. 오히려 꼭 할 줄 알아야 하는 매도법입니다.

주식투자는 돈을 버는 것도 중요하지만 잃지 않고 원금을 지키는 게 더 중요합니다. 원금이 있으면 얼마든지 기회를 잡을 수 있기 때문입니다. 국내 증시는 변동성이 크고 우량주, 테마주 할 것 없이 크게 등락할 때가 빈번하므로 대응에 집중할수록 좋습니다.

농사 짓듯이
주식투자를 하라

저자 직강 동영상 강의로 이해 쑥쑥!
QR코드를 스캔해서 동영상 강의를 보시고
이 칼럼을 읽으면 훨씬 이해가 잘 됩니다!

농사를 짓기 전에 대상이 될 매집주를 선정해야 합니다. '농사 매매'라고 부르는 이 방식은 10회 이상까지도 분할 매수를 하는 전제입니다. 최소 3회 이상 분할 매수합니다. '분기 농사, 일 년 농사'라는 마음가짐으로 매집주를 공략하는 것입니다. 앞서 나온 매매기법을 적극적으로 활용합니다.

매집주 선정 기준은 저평가주, 성장주, 배당주, 우량주, 실적주 등 기본적으로 재무제표가 괜찮거나 영업이익이 꾸준히 상승하면 좋습니다. 2~3년 연속 적자 기업은 피하는데, 턴어라운드 기대감이 아닌 이상 보지 않습니다. 또한 개인이 들어가기에 부담되지 않는 가격대가 좋고, 대주주 매도 가능성이 크지 않을수록 유리합니다. 배당을 주며 시장에서 저평가되어 있는 기업이 좋으며, 오버행(매물로 나올 수 있는 잠재적 과잉 물량을 말함. 채권단 또는 기관에서 보유하던 물량이나 보호 예수 기간이 풀리거나 블록딜을 통해 나올 수 있는 물량들) 이슈가 적어야 합니다. 오버행으로 주가가 부정적일 수 있고 변동성이 커지기 때문입니다. 기업 자체가 튼튼해야 합니다.

매집주의 예로 2021년을 기준으로 금융주, 반도체, 전기차, 2차전지 섹터 등이 있고, 개별주로는 2021년 7월 12일 기준으로 다우기술, 다우데이타, KT, LF, KT&G 등이 있습니다. 이러한 매집주 후보들을 많이 분석해두면 매수 타점이 왔을 때 포착해 진입을 고려할 수 있습니다. 모아가는 투자, 장기투자를 주로 하는 분들은 꼭 10개 이상의 매집주 기업 후보를 미리 분석해놓고 타점을 봐야 합니다.

매집주는 고점에서 계속 사는 것이 아니라 저점 지지선 때마다 꾸준히 매집하고, 저항선에 부딪혀 주가 움직임이 나빠졌을 때 분할 익절을 하는 형태로 지속적으로 끌고 가서 공략하는 방식입니다. 그렇기에 단기 고점이어도 관심을 가져놓고 매집주로 충분히 공략 가능합니다. 그리고 저항을 돌파해 추가 시세가 나와주면 우상향하는지 보고, 다음 박스권에서 어떻게 움직이는지 보면서 자연히 장기투자로 지속 보유할 수 있습니다. 즉 사고팔고를 반복하면서 필요할 땐 비중 관리를 하고, 위급할 땐 본절을 통해 현금을 챙기는 형태입니다.

시장 상황이 좋지 않을 땐 매집을 멈추는 것도 필요합니다. 아무리 분할 매집을 많이 하더라도 지속적인 하락장으로 주가가 상상을 초월하게 떨어지면 한계가 생기기 때문입니다. 매집 대상이 되는 기업이 지수 영향을 많이 받는 종목이라면, 하락장이 지속될 땐 잠시 농사를 멈추고 상황이 좋아질 때까지 기다려야 합니다.

대량 거래량과 장대양봉이 나왔을 때 그곳을 지지선과 저항선으로 잡아놓고 직전 고점을 생명선으로 잡아놓을 수 있습니다. 이후에 지지해주면 타점으로 생각해볼 수 있습니다

위의 차트를 기술적으로 보도록 하겠습니다. 지지와 저항은 서로 뒤바뀌는 성질을 가지고 있습니다. 저항을 돌파하고 안정적인 시세가 나타나면 저항이었던 곳이 지지선이 됩니다. 반대의 경우 저항선으로 바뀝니다. 매집주로 공략을 한다면 이러한 지지와 저항을 꼭 잡고 박스권의 움직임을 보면서 분할매수를 시작하고, 저항에 부딪히면 분할 익절로 수익률을 올립니다. 다시 하락해서 지지해주면 타점으로 잡을 수 있습니다. 반복 매매를 하지만 저항에서 팔고 지지선에서 사고 더 떨어지면 또 추가 매수를 하는 형식이므로 비중 관리를 충분히 할 수 있습니다. 그러다 저항을 돌파하면 새로운 박스권 시세가 나오는지, 우상향을 하며 천정에 도달하는지 보면서 여유롭게 매매할 수 있습니다. 물타기만 하는 게 아니라 단가에 따라 불타기가 되기도 합니다. 강저항대는 신고가 갱신한 지점이거나 돌파하지 못한 고점 구

KT 일봉 차트로 지지선에서 매수 타점을 주지 않는 우상향 종목이어도 '저항선이 지지선으로 바뀐다'는 성질을 이용해 타점으로 잡을 수 있습니다. 불타기를 활용한 매집 기법입니다

간으로, 보수적인 1차 목표가로 지정하기도 합니다.

대량 거래량을 확인하고 거래량이 줄어들지만, 기존 저항선을 지지해주는 강한 모습을 보여줍니다. 전형적인 우상향 추세로 한 번 이렇게 추세가 잡힌 종목은 장대음봉이 나오거나 우하향 패턴이 나오지 않는 이상 지속 좋은 모습을 보입니다. 이땐 지지선에만 타점을 잡지 않고 저항선을 지지해주므로 해당 구간 근처를 매수 타점으로 잡으며, 다음 저항선을 돌파하면 마찬가지로 천정을 보고 저항에 부딪히면 분할 매도를 합니다. 이후 다시 내려오면 같은 방식으로 타점을 잡고 추가 하락해 기존 지지선·생명선까지 떨어진다면 대량 거래량으로 하락했는지, 모멘텀이 소멸되어 재상승을 노리기 위험한지 분석한 이후에 추가 매수를 할지 아니면 다른 종목으로 이동할지 판단해야 합니다.

매집주는 인내심과 싸우며 기회를 잡는 기회주의형 투자법입니다. 다우기술 일봉차트를 보면 타점이 굉장히 자주 나오는데 그만큼 변동성도 큽니다

　주식은 상황에 따라 변수가 많아 절대적인 기준을 제시할 수는 없지만 이렇게 방향을 잡아드리고 과정을 서술해드릴 수 있습니다. 본인이 관심 있는 종목들을 같은 방법으로 잡아보며 연습해보세요. 같은 방식으로 승률이 올라가는 것을 느낀다면 나와 맞는 투자입니다.

　등락이 큰 종목은 분할 매수를 보수적으로 하고, 비중 관리를 그만큼 엄격하게 하면 됩니다. 애초 매집주는 3회 이상 분할 매수를 하는 매매법이기에 인내심이 가장 중요합니다. 마음 같아선 한방 매수를 하고 싶겠지만 일봉 차트를 길게 보고 참기 바랍니다. 또한 이런 매집주를 10종목 이상 알아둔다면 조급하지 않게 됩니다. 봐야 할 종목이 많다는 건 그만큼 기회를 노릴 수 있는 기업이 많기 때문입니다. 지수가 고점일 땐 찾기 어렵지만 반대의 경우 넘치는 시기가 오니 투자 시점을 잘 잡는 게 중요하겠습니다.

다우데이타 일봉 차트입니다. 지수가 하락하면 덩달아 등락이 생길 수 있으니 거래량이 줄어들며 하락하는 종목은 타점을 더 보수적으로 잡습니다. 천천히 보라는 이야기입니다

앞서 음봉이 계속 나오거나 우하향할 땐 매수하지 말고 하방 지지가 되는지 보라고 이야기했습니다. 매집주를 공략할 때도 마찬가지입니다. 활용할 수 있는 매매법을 모두 사용합니다. 앞에 나온 저점을 기준으로 장대양봉과 대량 거래량이 나온 시점의 저점과 고점을 각각 지지, 저항으로 잡습니다. 그리고 지지라인에 한 번 타점이 나온 이후 다시 대량 거래량이 나오면서 지지선과 저항선이 바뀌었고, 박스권 시세의 변동이 생겼습니다. 타점구간이 바뀌었고 분할 매도도 가능한 구간이 되겠습니다. 그리고 우상향을 해서 또 시세 변동이 나옵니다. 반면 우하향을 했다면 본절할 수도 있고, 타점을 다시 잡아 분할 매수를 더 할 수도 있습니다.

이렇게 필요할 때 분할 매도해서 수익을 보고 다시 아래에서 잡고, 우상향했다면 지지와 저항을 새로 잡아 다른 박스권으로 판단해 타점을 새로이

보는 식으로 장기투자로 이끌 수 있고 시세 상승이 끝날 때까지 반복 수익을 노릴 수 있습니다.

기업의 주가가 계속 상승하지 않기 때문에 적절한 시기가 되었을 때 공략 종료를 하는 게 중요합니다. 판단의 근거는 기업에 대한 기대감이 사라졌는지, 투자자를 부를만한 호재가 없어졌는지, 투자하는 사람들이 줄어들거나 등 다양합니다. 매수하는 이유가 사라진 종목은 매도하고 다른 기업을 찾아야 합니다. 본인의 판단에 맞추어 계획을 세우고 기법을 응용해 실수를 줄여 수익률을 올려봅시다.

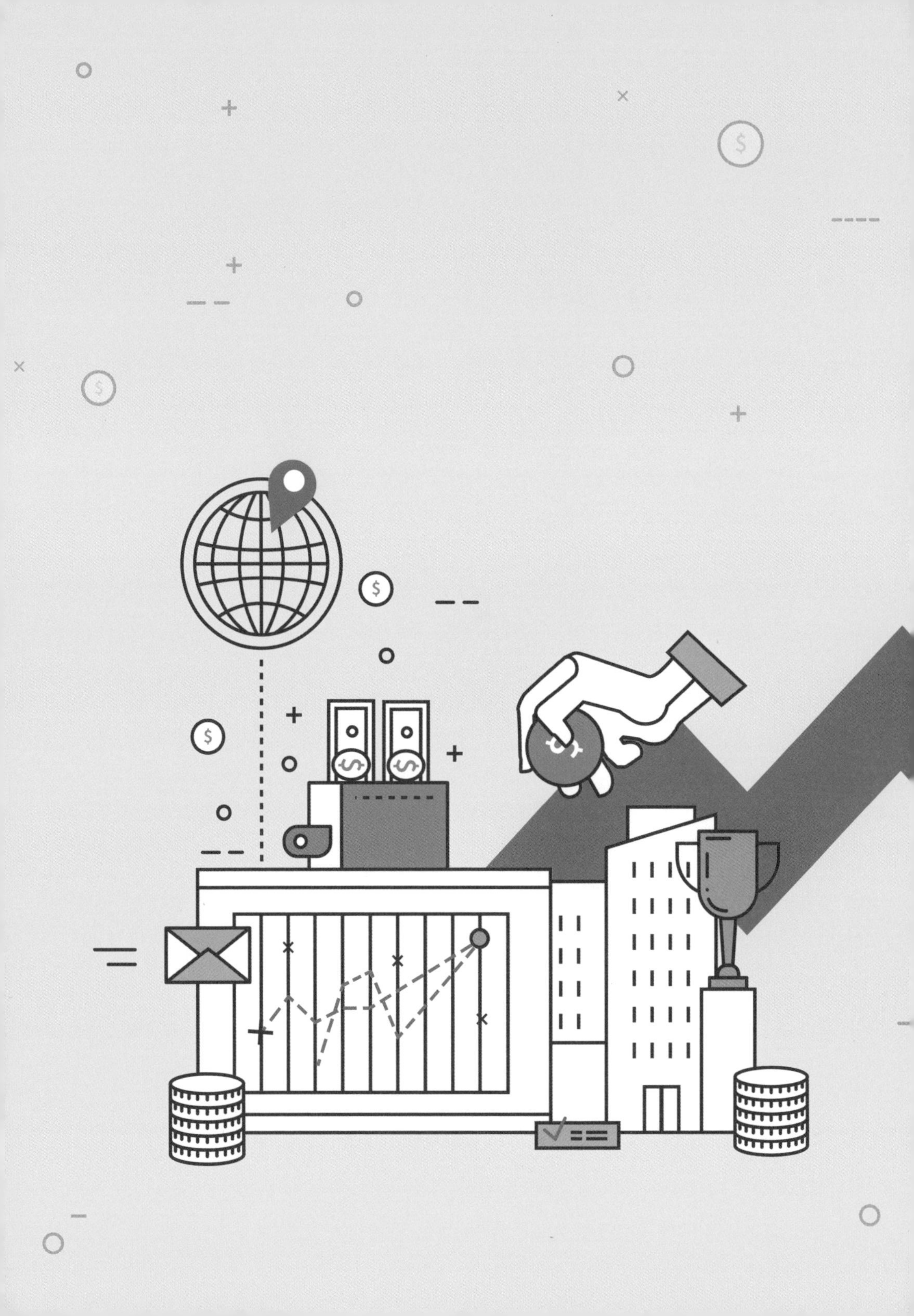

4장

무계획 무대응 투자는 주식계좌를 병들게 만든다

대부분 계획하지 않고 매매할 때가 많습니다. 증시는 변수가 많고 변칙적으로 움직이므로 대응을 준비하는 것이 기본입니다. 하지만 어떻게 계획하고 어떤 대응을 해야 좋은지 모르는 분들이 많습니다. 4장은 그런 투자자분들이 집중하고 보면 좋습니다. 주식은 겉으로는 법칙이 없어 보여도 수학적인 법칙을 가지고 있습니다. 계획적인 투자는 성공적인 투자에 매우 긍정적인 영향을 줍니다.

계획적인 투자가
왜 중요할까?

저자 직강 동영상 강의로 이해 쏙쏙!
QR코드를 스캔해서 동영상 강의를 보시고
이 칼럼을 읽으면 훨씬 이해가 잘 됩니다!

"계획적으로 투자하라"는 말을 흔히 들을 수 있습니다. 쉬운 얘기이지만 초보 투자자들이 어려워하는 부분 중 하나입니다. 그 이유는 요령이 부족하기 때문입니다. 경험의 부족에서 비롯되는 것인데, 제대로 된 경험을 쌓고 난 이후는 이미 큰손실을 경험했거나 주식시장을 이탈한 뒤일 수도 있습니다. 상처뿐인 경험이 되는 셈입니다. 하지만 요령을 먼저 익혀두면 해결되는 일이니, 여기서는 계획적인 투자에 대해 알려드리겠습니다.

우선 기본적으로 처음에 매수할 때 일괄매수하지 않고 분할 매수로 접근합니다. 계획 투자에 추가 매수를 기본으로 포함합니다. 만약 한 번에 매수한 상태라면 위기관리 대응을 익혀두면 되는데 이는 다음 장에서 자세히 다루어보겠습니다. 이때 추가 매수는 물타기, 불타기 모두 포함입니다. 추세에 따라서 매매 방향을 결정하는 방식입니다. 얻어걸리는 투자를 하는 게 아니라, 온전히 나의 계획대로 수익을 내는 것을 목표로 하는 것입니다.

큰손실을 피하기 위한 방도도 꼭 정해야 합니다. 자신이 정한 계획을 따라야 하므로 욕심을 버릴 줄 알아야 하고, 미련을 떨칠 줄 알아야 합니다. 그러기 위해선 심리가 중요하죠. 주식투자에서 실수는 언제든 할 수 있다고 생각해야 하며, 대응을 해서 투자에 실패하는 게 아니라 대응을 하지 않아 실패한다는 사실을 언제나 기억하고 있어야 합니다.

손실이 커지는 이유는 손절가를 놓쳤거나 종목에 대한 미련 때문에 줄곧 가지고 있다가 마이너스가 커지기 때문입니다. 물론 미련의 근거는 '다시 오를 수 있다'는 믿음과 함께 반등한 종목들이 눈에 보이기 때문입니다. 또한 비슷한 경험을 많이 해서 갈등이 생기기도 합니다. 하지만 그런 반등의 가능성 역시 계획의 일부이고, 대비가 되었는지가 더 중요합니다. 기회비용을 버리고 손절없이 보유하는 것이 본래 생각한 상황인지가 중요합니다. 이런 부분들까지 모두 계획에 포함시켜 오른쪽의 차트와 함께 보겠습니다.

일봉을 보면 특정 가격대를 이탈하지 않고 여러 번 지켜주는 구간이 있습니다. 그곳을 1차 저점 매수 타점으로 잡습니다. 2차 저점 매수는 이탈 시 다시 데이터가 쌓일 때까지 대기합니다. 이런 식으로 분할 매수를 보고 들어가면 낮은 평단가로 종목 공략이 가능하며, 타점을 놓쳤을 땐 다른 기업을 찾을 수 있습니다.

이렇게 10개 이상의 기업을 찾고 나면 생각보다 이른 시일에 저점 매수 타점을 잡을 수 있습니다. 꼭 저점이 아니더라도 횡보하는 가격대가 보일 텐데, 그곳을 1차 매수 타점으로 잡을 수도 있습니다. 이후에 기록된 저항대를 근거로 돌파하지 못하면 매도를 해서 비중을 줄이고, 다시 비중을 늘릴

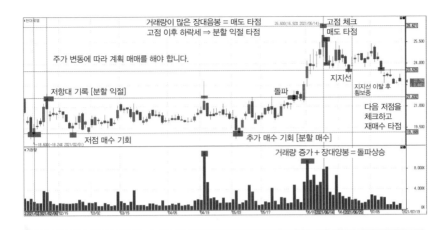

박스권의 움직임을 확인할 수 있습니다. 거래량을 보면서 저항대 돌파 체크 이후 분할 매매 계획을 세웁니다. 지난 기록을 근거로 삼습니다

타이밍을 잡습니다. 이후에 거래량이 증가하고 장대양봉이 나오면서 돌파 상승이 나오면 매도를 멈추고 고점을 기다립니다. 윗꼬리·밑꼬리가 나올 때도 흔들리지 않고 직전 저항대를 지지선으로 잡은 후 차분하게 고점을 기다립니다. 윗꼬리에서 고점이 나올 수도 있습니다. 즉 고점의 기록을 확인하는 것입니다. 단타나 스캘핑처럼 단기 매매 포지션이라면 고점에서 매도하면 그만이지만, 그게 아니라 길게 공략하는 스윙 이상의 투자라면 고점 체크는 필수입니다.

이렇게 주가 변동에 따라 어떻게 대응할 것인지 계획을 세우고 접근해야합니다. 21,000원 밑으로는 1차 매수 비중을 채운다든가, 21,000원 이상에선 1차 매도로 수익을 챙기고, 21,000원을 돌파한 현재는 26,000원 이상이 다음 목표가가 되겠고 그 근처에선 매수 금지이며, 23,000원 근처나 그 밑

에서 1차 매수 비중을 채울 수 있습니다. 이후 주가 움직임에 따라 2차 매수 이상 진행하며 비중을 채울 수 있습니다. 25,000원 이상 저항대 돌파가 안 되면 또 분할 익절을 해서 수익 실현의 계획을 세울 수 있습니다. 이렇게 미리 계획을 세워두면 전보다 훨씬 만족스러운 투자를 할 수 있습니다.

아래의 차트는 넷마블 일봉입니다. 12만원 근처가 1차 저점 매수 찬스가 되고, 이후 박스권이 변하면서 13만원 근처가 1차 저점 매수 찬스가 되었습니다. 13만에 매수하고 14만~15만원 근처에서 분할 익절을 목표로 할 수 있습니다. 평단가가 높다면, 14만원 근처에서 하락 추세라면 비중을 줄이고, 상승 추세라면 비중을 늘리는 형태로 계획을 세울 수 있습니다. 추세 전환 지점이 되는 구간인데, 지지선과 저항선의 역할을 동시에 수행할 수 있으면서 자주 뒤바뀐 구간입니다. 즉 기업의 상태나 지수의 변화에 따라 지지선

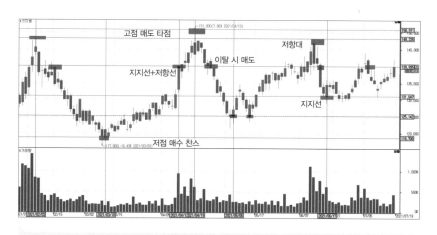

박스권이 정해진 종목은 패턴이 존재합니다. 반복되는 패턴이 끝나고 나면 새로운 패턴이 생기는데, 그 공백 시기 때 지지와 저항의 위치가 가장 중요합니다

이 되기도 하고 저항선이 되기도 하는 구간으로, 앞서 봤던 추세선의 역할을 합니다.

이렇게 추세선도 확인해두면 넷마블을 공략할 때 어떻게 해야 할지 눈에 보입니다. 분할로 접근하기 때문에 물타기와 불타기도 자유롭게 할 수 있고, 상황에 따라 비중을 줄여 분할 익절과 분할 손절로 위기 대응도 가능합니다. 공략 중인 기업이 있다면 이런 식으로 계획을 세워보고 실전 투자를 해보기 바랍니다. 연습이 필요하다면 부담 가지 않는 선에서 1주씩만 사고 팔며 테스트해도 좋습니다.

주식은 데이터 싸움이며 지난 기록이 정말 중요한 역할을 하고, 패턴을 통해 거래량이 어떻게 증가하고 감소하는지 보는 것입니다. 매매기법을 어렵게 생각할 것 없습니다. 지난 데이터 상 높은 확률로 좋은 결과가 나왔던 상황을 현재에 맞추어 매매하는 것입니다. 퍼즐로 비유하자면 이전에 완성

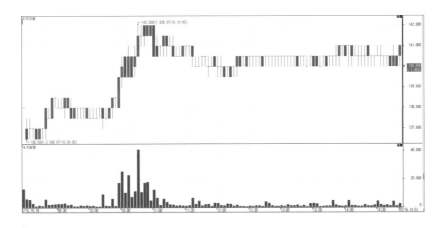

일봉으로 대응하기 어렵다면 분봉으로 전환해 매매 타점을 더욱 정확하게 잡을 수 있습니다. 일봉으로 먼저 가격대를 잡아놓고 분봉을 보며 타점을 잡는 것입니다

된 적 있던 퍼즐이 엎어졌을 때 완성된 퍼즐의 사진을 보며 그대로 끼우는 식인데, 지난번과 모양이 달라진 퍼즐이나 모양이 맞는 퍼즐이 여러 개 있다는 의미입니다. 분석과 기법의 역할은 모양이 이전과 맞는 블록을 적절하게 맞추어 퍼즐을 완성시켜 나가는 것입니다.

차트 분석이나 기업 분석, 추세 패턴 분석 등의 목적은 퍼즐을 맞출 수 있는 지름길로 가고자 하는 일입니다. 주식투자는 승률을 올리는 데 집중해야 하며, 나와 잘 맞고 실전 투자에서 값어치를 하는 매매를 반복하고 발전시켜야 합니다. 올바른 성장을 위해선 바람직한 습관을 길들여야 하는데, 그러려면 먼저 계획을 세우는 것부터 익숙해져야 합니다.

3가지 이상의 시나리오와
대응 방법을 만들어라

저자 직강 동영상 강의로 이해 쑥쑥!
QR코드를 스캔해서 동영상 강의를 보시고
이 칼럼을 읽으면 훨씬 이해가 잘 됩니다!

플랜 B는 항상 가지고 있어야 합니다. 국내 증시는 다양한 사건과 이유로 상황이 급변하고, 시장에 악재가 많을수록 하락장의 가능성이 커지기 때문입니다. 단기 하락장에 그칠 때도 많지만, 악재가 겹치고 수급이 꼬여 장기 하락장에 접어들면서 투자자들을 고통스럽게 만들 때가 많습니다. 그렇다 보니 "한국에선 가치투자가 되지 않는다"는 말까지 생겼습니다. 가능한 안전한 매매를 하기 위해선 플랜 B가 필수이며, 매매한 종목에 3가지 이상의 시나리오와 대응책을 마련하면 좋습니다.

어렵게 생각할 필요 없이 상승, 하락, 횡보, 이렇게 3가지 시나리오를 기본으로 생각하면 되며 나머지는 급등, 급락, 시간외 시세 변동, 거래량의 변화, 기업 이슈 등 다양하게 생각해두면 됩니다. 대부분 상승 시나리오와 하락 시나리오로 압축할 수 있습니다만, 주식은 워낙 변수가 많아서 시나리오와 대응책이 많으면 많을수록 좋습니다.

계속 상승만 하는 주식은 보기 드물지만 계속 하락만 하는 주식은 상대적으로 더 많이 접할 수 있습니다. 즉 국내 증시는 우상향보다 우하향이 많습니다. 그렇기에 시나리오 작성은 필수이며, 대응 방법 또한 연구해야 합니다.

아래의 이스타코 일봉을 보면 횡보하는 기간 때 평균 거래량을 유지하면서 지루한 모습을 보입니다. 이때 어떤 대응을 할 것인지 생각해야 합니다. 기회비용을 고려해서 매도할 것인가, 아니면 1차 매수만 해놓고 상황을 지켜볼 것인가? 만약 횡보하다가 하락하면 어디를 손절가로 정할 것인지(비중을 줄인다면) 정할 수 있으며, 혹은 추매가를 정할 수 있겠지요. 이후에 주가가 오르고 다시 횡보하다가 급등이 나옵니다. 거래량이 급격히 증가하고 우

이스타코 일봉 차트로 횡보, 급등, 급락 등이 모두 나타난 모습입니다. 3가지 이상의 시나리오와 대응 방법을 만들어야 하는 이유입니다

상향 패턴을 보여줍니다. 이때 매도를 어디서 잡을 것인지, 고점을 확인하고 내려올 때 분할 익절을 할 것인지를 고려해 저항선과 익절 밴드(가격대)를 구해야 합니다.

벌써 2가지 시나리오를 생각해볼 수 있네요. 이후에 지지선을 잡고 '급락, 우하향할 때 어떤 대응을 할 것인가'까지 생각하면 3가지의 시나리오를 만들 수 있습니다. 종목마다 정해도 되고, 투자 방식 자체에 규칙으로 정해도 좋습니다. 추세선을 이탈했을 때 매도를 할 것인가, 저점을 체크하고 추가 매수로 재공략을 할 것인가 등의 계획을 세워볼 수도 있습니다. 이건 종목 차이가 있어 법칙으로 정할 순 없고, 기업마다 패턴이 다르므로 따로 정해주면 됩니다.

이후 횡보 중인지 추가 하락할지 모르는 구간에 접어들었는데, 그 이유는 반등나온 적이 아직 없기 때문입니다. 즉 우하향하다가 도중에 잠시 멈추어 며칠 소강상태로, 반등으로 직전 저항대를 돌파해 지지선으로 만들어주는 모습이 보이지 않습니다. 이땐 추가 하락의 가능성이 있으므로 반등을 기다려야 하는데, 잠깐 반등하고 다시 하락할 수도 있으므로(기술적 반등) 확실하게 저항을 뚫고 지지를 만들어주는 거래량이 보이기 전까진 관찰 대상이 됩니다. 네 번째 시나리오가 되겠네요.

항상 종목은 지지선을 이탈하고 더 깊은 저점으로 떨어질 가능성이 존재한다는 사실을 잊어선 안 되겠습니다. 다양한 시나리오와 대응책을 준비해두면 걱정이 좀 덜하겠고, 이제 남은 일은 계획대로 따를 수 있는 정신력을 기르는 일입니다.

증시는 '멍 때리면 당하는 곳'입니다. 항상 준비되어 있어야 하며, 실시간 대응이 안 되는 투자자라면 스탑로스(조건식 자동 매매 기능)를 활용하거나 호

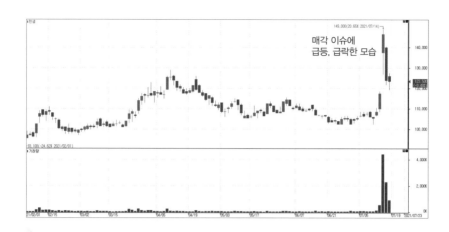

매각 이슈에
급등, 급락한 모습

기업 이슈, 공시 등으로 급등과 급락이 나오기도 합니다. 이때도 시나리오를 만들어두었다면
충분히 대응이 가능한 모습입니다

가창에 매수, 매도를 걸어두는 식으로 하기 바랍니다.

만일 대응을 하지 못했다면 2년 이상 자금이 묶일 수 있습니다. 흔히 투자의 대가들은 기다림의 미학과 주식은 마라톤이라는 말을 많이 하는데, 이것은 주식투자에서 마지막으로 사용하는 히든 카드입니다. 다만 그만한 각오와 계획이 있어야 성공할 수 있습니다. 스트레스도 상당하죠. 나를 위해 최대한 시나리오에 집중하시기 바랍니다.

모두가 명심해야 되는
위기 관리

저자 직강 동영상 강의로 이해 쑥쑥!
QR코드를 스캔해서 동영상 강의를 보시고
이 칼럼을 읽으면 훨씬 이해가 잘 됩니다!

주식시장은 항상 나를 배신할 준비가 되어 있습니다. 언제든 상황이 나빠질 수 있다는 이야기입니다.

투자는 기회를 잡는 것도 중요하지만 갑자기 닥친 위기에서 벗어나는 것 또한 매우 중요합니다. 투자의 세계에서 위기는 또 다른 기회를 잡을 수 있는 상황을 만들어주기 때문입니다.

대박에만 눈길을 주지 말고, 쪽박을 피하는 게 좋은 기회가 생기는 계기가 된다고 생각해야 합니다. 어떻게 보면 주식을 오래 하려면 중간이 가장 안전하다는 사실을 알아차리고 중간을 지키는 투자를 지속해야 합니다. 그렇게 하기 위해서는 적절한 익절가와 복구 가능한 손절가를 정하는 게 중요하고, 추매가를 보수적으로 정해 예수금을 낭비하지 않는 것이 투자의

움직임이 느린 우량주 역시 위기관리를 해주어야 합니다. 손절가와 추매가, 익절가를 정해 기회비용을 관리해야 합니다

첫걸음입니다.

위의 차트를 보면 약 5개월 동안 주가는 23만~24만원 근처를 지루하게 횡보하는 모습입니다. 손실 위기가 있는 종목은 아니지만, 기회비용을 고려하면 꽤 큰 위기에 있는 셈입니다. 이런 경우에는 23만원 아래에선 1차 매수가 가능하고, 23만원 이상에선 매도가 가능하며, 23만원 이탈 시 손절하고 다른 종목을 공략하는 방법을 생각해볼 수 있습니다. 기회비용을 중요하게 보는 방식입니다.

이로써 벌써 적절한 익절가와 매수가, 추매가를 정할 수 있었습니다. 복구 가능한 손절가 역시 손쉽게 구할 수 있습니다. 움직임이 느린 기업 또한 이렇게 정해주어야 합니다.

다음은 중·소형주를 보겠습니다. 다음 페이지의 차트는 게임주이고 실적이슈가 있으면서 메타버스 섹터로 수혜가 묶인 엠게임 일봉입니다. 참고로

2021년 6월 15일 이후 주가는 다시 상승해 12,450원으로 고점 갱신을 했습니다. 하지만 그렇게 될 것이라고 예측하긴 어렵습니다. 이때 위기 대응을 해야 합니다.

먼저 장대음봉으로 급등이 나왔고 이후 장대음봉과 함께 이탈을 시작합니다. 여기서 지지선과 저항선, 추세선을 기록할 수 있습니다. 박스권 움직임을 보이면 다음 구간에서 재공략 및 대응이 가능해집니다. '지지선+저항선 지점'과 '저항선, 고점 구간'을 분할 익절가, 익절가로 잡을 수 있고 이후 지지선 구간을 손절가, 추매가로 삼아 경계를 만들 수 있습니다.

다시 상승 반전하고 지지해주면서 고점이 나오고 우하향을 했습니다. 이때 기존지지, 지지선이 이탈 나오는 모습인데 그렇게 되면 손절가나 추매가에 해당합니다. 여기선 기업 분석과 향후 주가 분석을 통해 선택해야겠지요. 보통 손절하고 재공략을 하는 게 맞지만 고점 매수를 하지 않았다면 고

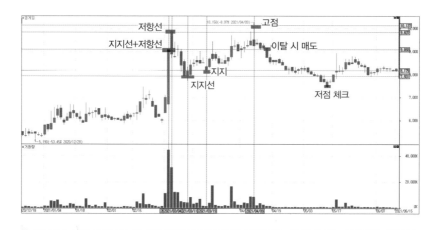

엠게임 일봉 차트입니다. 차트를 볼 때 거래량도 꼭 같이 보기 바랍니다. 지지와 저항의 개념을 이해할 때 거래량을 빼놓을 수 없습니다

점에서 분할 익절을 했기에 손실을 피할 수 있습니다. 고점에 샀다면 '이탈 시 매도'라고 되어 있는 구간이 손절가이고, 익절 가능한 구간이면 분할 익절 구간이 됩니다. 전량 익절을 해도 되고, 이것 역시 법칙을 정할 수 없고 종목마다 다르므로 일단 개념만 익혀둡니다.

이후에 저점 체크가 되고 지지선을 다시 돌파나오며 주가 움직임이 좋아지네요. 이렇게 되면 다시 공략하거나 횡보, 눌림 구간에서 추매가를 잡아볼 수 있습니다. 전량 매도를 했다면 1차 타점으로 다시 잡을 수 있고, 이후 저점을 이탈하면 다시 손절하거나 비중을 줄이거나 추매가를 정해 공략하는 형태입니다.

이렇게 주가 움직임을 생각해서 미리 특정 구간대를 매수·매도 일정을 세우고 위기관리에 들어가야 합니다. 어떻게 될지 확신하는 것은 위험합니다. 때에 따라 적절한 대응을 해야 합니다.

2021년 6월 15일 이후 엠게임 일봉 차트가 어떻게 움직였는지 직접 확인해보고 같은 방식으로 구간을 잡아 향후 움직임을 관찰해보기 바랍니다. 이 책을 읽는 시점에선 재료 소멸이 되어 주가가 많이 다를 수 있겠지만, 다른 기업들로 테스트하며 관찰해도 좋습니다. 지지선, 저항선, 저점 체크, 추세선 등을 잡는 방식은 계속 설명하고 있으니 차분히 익혀보세요.

비중을 관리할 줄 알아야 오래 투자할 수 있다

저자 직강 동영상 강의로 이해 쑥쑥!
QR코드를 스캔해서 동영상 강의를 보시고
이 칼럼을 읽으면 훨씬 이해가 잘 됩니다!

주식투자를 장기간 유지할 수 있는 비결은 무엇일까요? 그것은 바로 '비중 조절'이라는 비법에 있습니다. 보통 초보 투자자들은 익절과 손절만 생각하고 물량 조절에 대해서는 사소하게 생각할 때가 많습니다. 이는 목표가까지 보거나 손절가까지 전체 물량을 운영하려는 생각에서 비롯됩니다.

물론 그렇게 해도 문제는 없습니다. 하지만 그렇게 하다간 급변하는 시장 상황이나 급등락이 생기게 되면 아무것도 하지 못하고 손놓고 있을 때가 많습니다. 하루에 10% 급등을 하고 다시 제자리로 돌아온다거나 갑자기 하한가를 간나거나 우상향을 하거나 우하향을 할 때, 구경만 하다가 좋은 기회나 대응 타이밍을 놓치는 경우가 많습니다.

지난 기록을 보면 2008년 리먼 브라더스 사태, 2018년 미중 무역전쟁,

2020년 코로나19 바이러스 창궐 등 사회에는 항상 크고 작은 사건들이 발생했고 증시에 큰 영향을 주곤 했습니다. 대세 하락장이 되거나 폭락장으로 큰손실을 입게 되는 것입니다. 이와 같은 일은 언제든 일어날 수 있으므로 훈련을 해두어야 합니다.

그렇다고 매일 비중 조절을 하느라 매매를 반복하라는 이야기가 아닙니다. 매매가 필요한 상황에 할 줄 알면 되며, 필요한 상황에 대한 개념은 비중 관리 방법을 이해하고 숙련하면 자연스레 익힐 수 있습니다. 익히지 못했더라도 비중 조절 역시 계획의 일부에 넣어 투자하면 될 일입니다. 피곤하다고 느낄 수 있습니다만, 처음에만 피곤하게 느껴지지 계속 반복하다 보면 적응이 됩니다. 또는 자신의 일정과 성향에 맞추어 일부 수정해 투자를 진행하면 됩니다. 중요한 핵심은 오래 투자하기 위해 필요한 것이 무엇인가를 아는 것이며, 방법을 이해하고 실전에서 사용할 수 있게 숙달되면 자기 방식으로 언제든지 바꿀 수 있고 승률 역시 올릴 수 있습니다.

손절도 하나의 투자라는 사실을 잊어선 안 됩니다. 오른쪽 차트는 제이티 주봉이며 2020년에는 우상향을 하다가 2021년 7월 16일까지 우하향하는 모습입니다. 만약 고점에 매수한 상태라면 계속 고통받게 됩니다. 그러므로 보유주를 조절하는 방법을 알고 있어야 합니다. 먼저 보유주의 30%는 반복 매매용이라 생각하고 지지와 저항 구간에서 매수와 매도를 반복합니다. 이후 돌파 상승이 나오면 고점을 체크하고 적절하게 분할 익절을 하거나, 고점 찍고 내려올 때 매도할 수 있습니다.

이후 '이탈 시 매도 강화'라고 되어있는 지점을 추세선으로 볼 수 있는데, 그곳을 이탈하면 추가 하락 및 우하향 전조가 될 수 있으므로 비중 축소를 고려해야 합니다. 이에 대한 근거는, 가장 강한 매수세가 나왔으며 고점 직

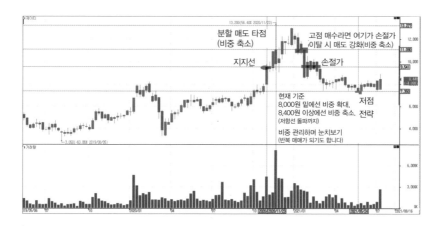

우상향 이후 우하향하고 다시 횡보 구간에 접어든 제이티 주봉 차트입니다. 고점과 저점 사이의 가격 차이가 꽤 큽니다. 이런 상황이 많으므로 비중 관리가 반드시 필요합니다

전 추세 구간이 매수 심리가 높아 상승세가 이어졌기 때문입니다. 즉 같은 구간에서 매도세가 나오고 매도 심리가 상승한다는 것은 하락 추세가 이어져 매도세가 계속 이어질 가능성이 올라가기 때문입니다. 어디까지나 가능성이고 확률이므로 비중 조절을 하는 것입니다. 고점에 매수했다면 손절가이고, 이후 다시 공략하거나 저점을 확인해야 합니다.

2021년 7월 16일까지의 차트 기준 8,000원 밑에선 저점이 확인되었고 지지를 해주는 것이 보이니 비중 추가를 고려해볼 수 있고, 8,400원 이상은 저항이며 돌파가 나오지 않으니 비중 축소를 생각해볼 수 있습니다.

이렇게 보유주의 30%는 반복 매매용으로 활용하고, 시간이 지나 돌파가 나오면 추가 매도를 하거나 지지 이탈을 하면 상황 판단에 따라 추가 매수 타점이나 손절가를 정합니다. 이런 식으로 종목의 추세에 따라 계획을 세우

고 비중 관리를 할 수 있습니다. 이는 오래 투자할 수 있는 비결이자 증시에서 오랫동안 살아남을 수 있는 기반이 되어줍니다.

길게 보는 종목이 아니라 단기나 단타일 땐 매매 속도와 비중 조절 구간만 좁게 판단하면 됩니다. 장기일수록 차분하고 신중하게 보는 형식입니다. 어떻게 보면 종목을 처음부터 끝까지 기술적으로 컨트롤한다고 생각하면 좋습니다. 처음에는 미숙할 수 있지만, 하다 보면 적응되어 만족스러운 투자를 할 수 있습니다.

매매 타점을
잡아보자

저자 직강 동영상 강의로 이해 쑥쑥!
QR코드를 스캔해서 동영상 강의를 보시고
이 칼럼을 읽으면 훨씬 이해가 잘 됩니다!

기업을 분석하는 것만큼 중요한 일이 타점을 잡는 것입니다. 아무리 좋은 기업이더라도 고점에 매수하면 손실이 되기 쉽습니다. 반대로 안 좋은 기업이어도 저점에 잡으면 손쉽게 수익을 볼 수 있습니다. 중요한 것은 상장 폐지 가능성이 있는지 추가 하락의 가능성과 기회비용 손실까지 다양한 경우의 수를 분석해야 하는 일입니다. 상장폐지의 경우 코스피, 코스닥마다 기준이 다르고 워낙 다양하므로 한 번쯤은 꼭 확인해보기 바랍니다.

별다른 위험성이 없다면 차트 월봉 기준으로 저점에 있으면 대부분이 저점 매수인데, 여기서 변수는 추가 하락의 가능성입니다. CEO 리스크('오너 리스크'라고 부르며, 기업 대표가 사건 사고에 휘말려 주가에 부정적인 영향을 주는 일을 일컫습니다)가 생길 수도 있고, 갑자기 유상 증자를 할 수도 있습니다. 겉으로 보기에 저점이라고 해서 무조건 바닥이라고 판단하는 일은 피해야 합니다. 이런 부분들까지 고려해서 타점을 잡아야 하는 반면, 주가 변동이 적은 기업의 경우 타점의 횟수가 그만큼 줄어듭니다. 투자하는 종목의 주가 변동성을 확인해야 합니다.

　매수 타점은 쉽게 정할 수 있지만 때때로 매도 타점이 어려울 때가 많은데, 이를 보고 "매수는 기술이고, 매도는 예술이다"라고 말하기도 합니다. 그만큼 매도가 어렵고 변수가 많다는 이야기입니다. 매도의 정답이 없어서 생긴 말이기도 하죠. 매도는 현금을 확보할 수 있게 만들어주기 때문에 '기회를 만들어주는 매매'라고 부르기도 합니다. "매수보다 매도가 중요하다"는 말이 나오는 이유입니다.

　아래 차트는 장대음봉으로 추세가 꺾이고 1차 지지선을 이탈하는 모습입

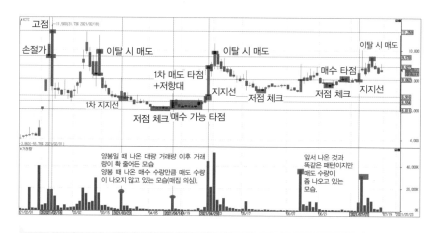

추세가 완전히 꺾이지 않고 저점 체크가 된 모습입니다. 패턴이 포착되면 타점 공략이 가능합니다

니다. 이전에 '이탈 시 매도'라고 되어 있는 구간이 추세선이라 생각하면 되고, 고점 근처에 있어 매도 지점으로 생각하면 됩니다. 이후 우하향을 하다가 저점 체크가 되고 매수 가능 타점이 생기는 모습입니다. 차트 아래의 거래량을 보면 양봉일 때 나온 대량 거래량에 비해 적은 거래량으로 횡보하는 모습이 보이는데 이를 '눌림'이라고 가정합니다. 이후 이탈하지 않거나 많은 거래량이 나오지 않는 이상 '매집 의심'으로 기록합니다. 이때 비중을 늘리고 매수가 가능하며, 곧이어 장대양봉의 급등이 나오는 모습입니다. 물론 횡보가 더 길어질 수 있습니다. 그땐 계속 지지선과 평균 거래량을 판단하며 비중을 관리하거나 타점을 분석해둡니다.

그러고 나서 추세선에 다시 도달했고 이탈이 나오니 매도, 즉 차익실현 구간이 되어줍니다. 다시 우하향하고 저점 체크가 되는데, 저점 체크가 된 이유는 이후 반등이 나왔기 때문입니다. 이때 매수한다면 단타 타점이고, 아니라면 체크만 해놓고 지나갑니다.

이후 다시 양봉이 나오고, 앞서 나온 거래량과 비슷한 패턴이 나오고 또 한 번의 저점 체크, 이후 반등 때 지지선에서 매수 타점이 나와줍니다. 다시 추세선까지 상승이 나오고 이탈이 나오니 매도 타점이고, 추세선까지 가지 못했더라도 상황에 따라 매도 타점을 구분할 수 있습니다. 앞의 상승에 비해 주가가 흔들릴 때 거래량이 많았으므로 매도 수량이 더 많아졌다고 추측할 수 있습니다.

주가는 속여도 거래량은 속일 수 없습니다. 기본적으로 사는 사람이 많으면 오르고 파는 사람이 많으면 내려가는 주식의 특성을 잘 기억해 분석하면, 거래량과 차트를 통해 투자자들의 매매 심리를 파악해볼 수 있습니다.

이후 2021년 7월 16일 기준 윗꼬리 양봉으로 마감했는데, 지지선으로 내려올지 아니면 다시 추세선으로 올라갈지는 기업 이슈나 시장 상황에 따라 달라지기 때문에 매매 타점으로 잡지 못합니다. 여기서부턴 종목 분석에 의존해 미래를 결정하고 상황에 맞추어 대응 시나리오를 만들어두면 됩니다. 앞서 살펴본 비중 관리, 대응, 시나리오 작성을 써먹을 때가 언젠가 찾아오기 때문입니다. 기법은 무수히 많고 다양하니 상황에 맞추어 활용하고 나에게 어울리는 기술을 사용해 매매 승률을 높여야 합니다.

나만의 투자 백과사전을 만들어라

투자 일지를 기록하는 습관은 중요합니다. 나만의 투자 백과사전을 만들면 좋은데, 여기서 말하는 백과사전이란 특정 상황에 따라 발생한 과정과 결과를 정리한 것을 의미합니다.

주식은 패턴이 존재하는데, 비슷한 흐름을 보여줄 때가 적지 않게 있습니다. 개별주뿐만 아니라 섹터들도 서로 비슷한 주가 변동을 보여줄 때가 있습니다. 즉 반복되는 패턴이 존재한다는 이야기이고, 그런 패턴에서 배울 수 있는 점이 상당히 많습니다.

따로 노트에 적어도 되고 차트 분석을 해놓고 사진으로 저장해 기록해두어도 됩니다. 다음의 우원개발 일봉 차트처럼, 패턴이 보이면 이름을 따로 붙여서 백과사전처럼 기록해두면 참 좋습니다. 가령 '우원개발 파동 A 패

내가 경험했던 걸 까먹지 않도록 매매일지를 적고 이것을 투자 백과사전으로 만들면 좋습니다. 다음에 비슷한 상황이 올 때 활용도가 올라갑니다

턴'이라고 기록해놓고 상황을 서술하는 것입니다. 저점을 이탈하지 않고 지켜주며 양봉 반등하면 매수 타점을 잡고, 저항 구간까지 올라가는지 보며 저항선에서 비중 조절을 생각해볼 수 있고, 저항선을 뚫고 상승할 때 저항 구간을 넘어서면 고점 갱신을 목표가로 볼 수 있고, 이탈 시 매도한다는 개념을 나에게 기록할 수 있는 것입니다. 이때 거래량 패턴도 빼먹어선 안 되겠죠.

기업마다, 상황별로, 지수 움직임에 따라, 국제 이슈로 인한 상황 변화 등에 따라 주식투자를 하며 증시와 종목에 영향을 주었던 상황 중에서 중요하다 여겨지는 일들을 꼼꼼하게 기록합니다. 오답 노트가 될 수도 있고, 나의 기법 노트가 될 수 있습니다. 이처럼 투자 일지를 기록하면 같은 실수를 범하지 않을 수 있고, 좋았던 순간을 한 번 더 반복하는 데 도움이 됩니다.

실제로 저 역시 비슷한 패턴을 보이면 같은 방식으로 투자해 수익을 챙기곤 합니다. 2021년에는 그런 방식으로 KCTC, 에넥스, 우원개발, 카카오, 넷마블 등 다양한 기업들을 공략할 수 있었습니다. 언급된 이 종목들도 같은 방식으로 직접 차트를 펼쳐보기 바랍니다.

그밖에 관심가는 종목들 패턴에 주목해보면 많은 게 보입니다. 지수나 국제 뉴스에 의한 것들도 똑같습니다. 코로나19 재유행 때, 북한 도발이 있었을 때, 금리 인상과 테이퍼링 뉴스가 나왔을 때 등 여러 패턴이 존재합니다. 이를 인식하고 나면 자연스럽게 주가의 패턴이 눈에 들어올 것입니다.

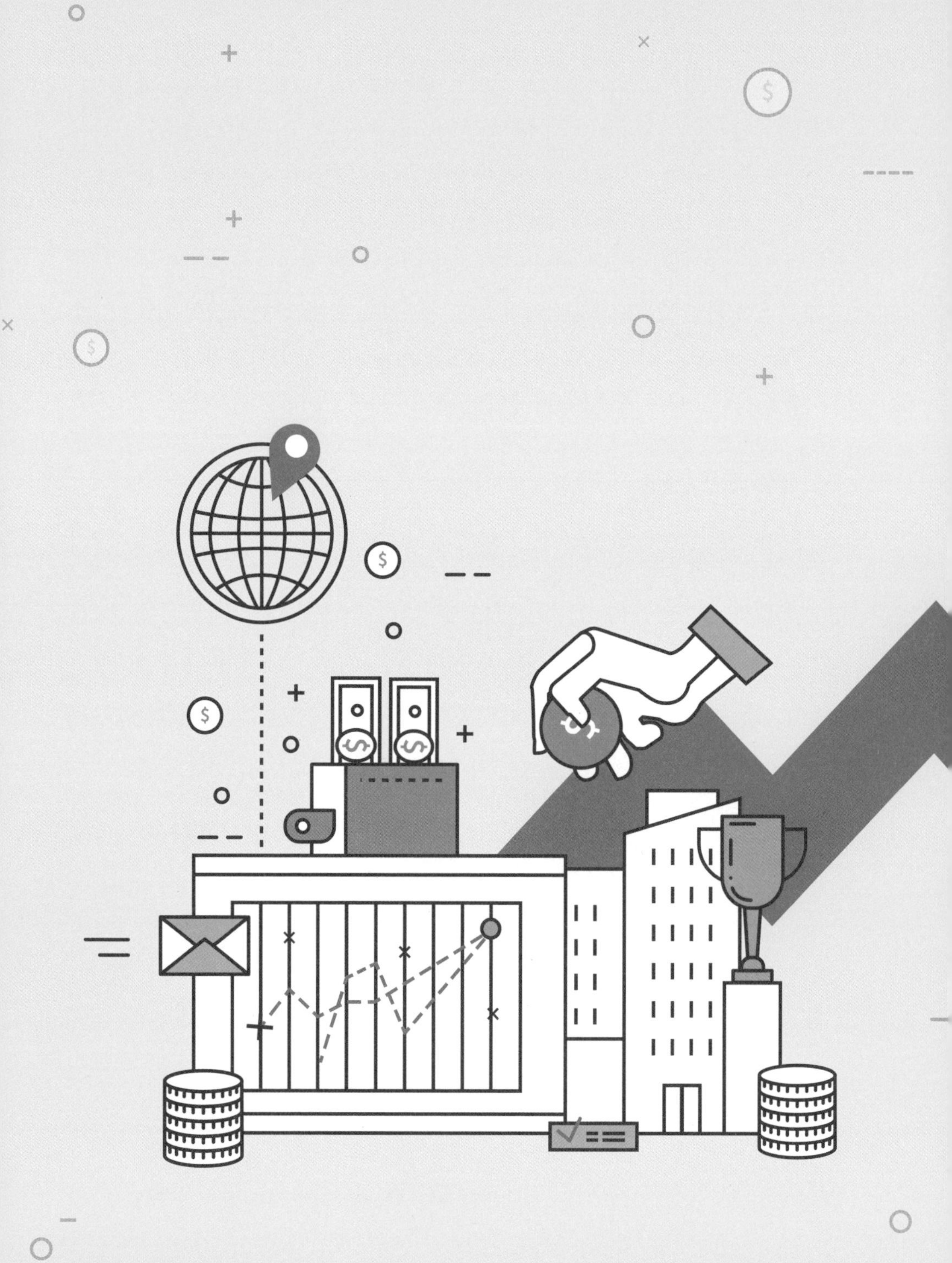

5장

좋아하는 투자와 잘하는 투자는 다르다

단타부터 장기투자까지 매매법을 정리하고, 각각의 스타일에 관한 이야기를 서술했습니다. 나에게 어울리고 잘할 수 있는 매매법을 먼저 알고 시작해야 투자에 이롭습니다. 그런데 어떻게 투자를 했을 때 결과가 좋고 만족스러울까요? 좋아하는 것도 중요하지만 잘할 수 있는 투자부터 해야 하고, 무엇보다 승률이 가장 중요하므로 본인 기준으로 실패가 적은 기법부터 공부하기 바랍니다.

단타, 종베, 스윙, 장투

주식에는 크게 4가지의 매매법이 존재합니다. 짧은 시간에 수익을 목표로 하는 단타와 스캘핑, 오후에 매수하고 다음 날 오전에 매도하는 것을 목표로 하는 종베, 3개월 이내 수익을 보거나 그 이상 기다릴 각오를 하고 투자하는 스윙, 6개월 이상 볼 각오로 투자하면서 기한의 상한선을 따로 정하지 않는 장투(장기투자)가 있습니다. 각 투자법의 장단점과 방식, 주의사항과 팁을 여기서 정리해보겠습니다.

지수에 따라 분류할 수 있는데, 상승장에선 장투, 스윙, 종베가 유리하며 하락장에선 단타, 스켈핑, 종베가 유리합니다. 애매한 박스권 장세에선 스윙을 제외한 기법이 유리하겠습니다. 1년 이상 보는 초장기 투자는 우상향 장에서 유리하고, 우하향장에선 단타와 스켈핑만 유리합니다.

단타, 이렇게 하면 된다

먼저 단타의 경우 고수의 영역입니다. 주의사항은 단순하나 판단과 매매 속도가 중요해 무엇보다 테크닉이 필요하며, 종목 선정과 타점에 집중해야 합니다. 대응법 또한 필수적으로 알고 숙련된 상태에서 투자하는 게 좋습니다.

단타도 종류가 있는데 '초단위, 호가 단위'로 승부를 보는 스캘핑(초단타), 길게는 3일 짧게는 수분 이내 매도를 목표로 하는 단타가 있습니다. 이러한 투자를 '데이트레이딩'이라 부릅니다.

스캘핑의 경우에는 초단위, 호가 단위로 +1% 이상부터 매도 타점을 자동으로 잡고 대응합니다. 그게 아닌 단타나 단기 매매의 경우에는 3분봉을 잡는 게 유리하며, 개장 직후에는 스캘핑이 많아 3분봉이 7번 나온 이후의 주가를 지지와 저항 기준으로 삼습니다.

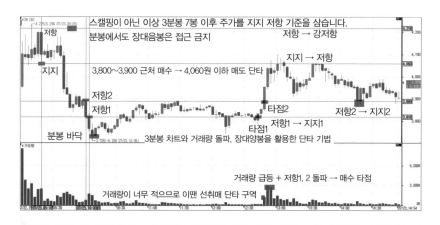

SM C&C 3분봉 차트입니다. 단타를 할 때 1분봉·3분봉을 보면서 하는 게 좋고, 지지와 저항을 잡은 상태에서 거래량을 분석하며 타점을 잡습니다

이후 거래량을 보며 타점을 잡는데, 거래량의 변화가 없으며 횡보하거나 흔들림이 있을 땐 잡지 않으며, 장대음봉이 나오면 접근 금지입니다. 보유하고 있을 때도 단타 관점이면 손절하고 재진입을 고려합니다. 그리고 바닥이 다져질 때까지 기다리고, 지지와 저항을 다시 잡아 '횡보 눌림 박스권'을 잡습니다. 거래량이 적은 상태가 유지되며 주가가 흔들리며 횡보하는데 이 구간이 스캘핑 구간입니다.

이후 저항1이 지지1로 변하게 되는데, 거래량이 급등하며 양봉 돌파가 나와줍니다. 이때가 단타 타점이 되어줍니다. 이후 다음 저항2를 돌파해서 지지2가 되었고, 두 번째 타점이 나와줍니다. 다음 저항을 추가 돌파하는지 보며, 돌파하지 못하고 거래량이 줄어들면서 음봉이 이어지면 매도 타점으로 잡거나 혹은 저항대에서 매도해서 차익을 봅니다.

정리하면 3,800~3,900원 근처에서 매수하고 4,060원 이하에서 매도 타점을 잡을 수 있습니다. 주가 상승세가 더 좋으면 추가 수익도 가능합니다.

단타를 할 땐 −3% 손절가가 기본이며, 지지선을 이탈하면 손절하는 게 정석입니다. 이후 재공략을 해서 복수전을 하는 식으로 단타를 하는 겁니다. 즉 절대로 단타하다가 물리면 안 됩니다. 바로 이것이 단타가 고수의 영역인 이유입니다.

단타를 하고 싶다면 3분봉 기법이 가장 간편하고 안전하니 충분히 연습해서 지지와 저항선을 잡는 속도를 높이고, 대응과 속도가 중요하므로 다른 때보다 집중하기 바랍니다. 참고로 3분봉 기법은 단타 타점뿐만 아니라 매수·매도 타점으로 응용도 가능합니다.

같은 방식으로 다른 종목도 공략 가능합니다. 단타 기법은 모두 같습니다. 호가는 참고로 보면 되고, 호가창에 상대적으로 많은 물량이 쌓여 있을

아즈텍WB 3분봉 차트입니다. 이렇게 거래량이 증가하며 주가가 우상향이 유지되면 큰 시세를 노려볼 수 있고, 음봉에 집중하며 매도합니다

때가 있는데 그곳을 '단기지지, 단기저항'으로 보면 됩니다. 그곳이 이탈되거나 돌파될 때 거래량과 3분봉 차트를 보며 응용하면 됩니다.

3분봉 7봉 때 지지와 저항을 잡고, 첫 지지는 바닥입니다. 이후 거래량이 많은 상태가 유지되며 양봉으로 상승하는데 그때가 또 타점이고, 이 타점을 놓쳤어도 지지3 저항2를 잡고 저항2를 돌파하지 못하고 거래량이 죽은 상태에서 지지3도 이탈이 나옵니다.

이후 저항1에서 눌림 횡보가 되는데, 저항1이 새로운 지지선으로 변하고 있는 모습입니다. 이후 거래량이 급증하고 양봉 돌파가 나와주는데, 그때가 타점1이 됩니다. 이후 저항2를 돌파하는지 보고 음봉에서 매도를 고려하며, 추세가 괜찮으면 계속 봅니다. 저항2를 돌파하니 지지4가 되었고, 새로운 타점2가 나와줍니다. 이렇게 거래량이 증가하고 양봉으로 직전 저항을 돌파하는 모습이 나와주면 단타·스캘핑 타점입니다.

이후에 음봉으로 추세가 꺾이지 않고 양봉이 이어지면 음봉이 나올 때까지 보유 관점입니다. 이후에 저항2가 지지4가 되면서 눌림 횡보가 또 나와주는데, 타점1 구간이 나오기 전의 눌림 횡보와 흡사한 모습을 볼 수 있습니다. 같은 패턴으로 거래량이 우상향하고 장대양봉이 나오자 주가가 크게 상승하고 마감한 것을 볼 수 있습니다. 이처럼 단타를 할 땐 무조건 거래량을 같이 봐야 합니다.

알고 있는 정보가 많을 때 활용할수록 장점이 됩니다. 손절가는 무조건 정해야 하고, 단타를 할 땐 절대 물려선 안 된다고 생각해야 하며, 비중을 적게 하는 게 원칙입니다. 너무 많은 걸 볼 필요는 없고, 이 방식만 활용해도 단타 매매가 충분히 가능합니다. 나머지는 각 개인마다 숙련도의 차이입니다.

이런 종목을 발굴하는 방법은 종목을 미리 알고 대비하거나, 상승추세가 꾸준한 종목을 알아보고 재료가 괜찮다고 판단되는 종목들을 관심 종목으로 설정해서 관찰하는 것입니다. 투자자들에게 인기가 좋은 종목들의 움직임을 많이 보고 분석하며 인기가 좋은 이유를 찾아내려는 노력이 필요합니다. 그렇게 하면 다른 종목의 주가가 움직일 때 판단이 빨라집니다.

종베, 이렇게 하면 된다

다음으로 종베의 경우 많은 투자자가 애용하는 매매법입니다. 종가에 사기도 하고 오후장에 매수해서 다음 날 오전장에 매도하는 게 주목적이며, 길게는 더 볼 수도 있어 스윙으로 전환되기도 합니다. 단타와 마찬가지로 손절가를 기준으로 매매하나 기업 발굴과 타점 기준의 차이가 있습니다.

단타와 같은 방식으로 타점을 잡아도 되지만 일봉 기준으로 저항을 돌파하는 양봉과 대량 거래량이 발생했을 때 타점으로 잡습니다. 종베로 수익을 보는 경우는 돌파 상승을 목표로 하거나 단기 상승 때의 수익 실현입니다. 상승 추세 직전에 매수해서 상승 과정에서 매도하는 방식입니다. 종베는 단타가 되기도 하고, 스윙으로 발전하기도 합니다.

종베로 잡기 전에 거래량의 증가를 보는 게 좋고, 어떤 호재와 이슈로 움직이고 있는지 확인해야 합니다. 상승 기록이 없을 때가 좋습니다. 3S 일봉 차트를 보면 직전 저항 이탈 이후 하락하다가 3거래일 연속 눌림이 나오고 장대양봉에 대량 거래량이 발생했습니다. 이후 고점에 비해 종가가 하락한 상태로 마감해 윗꼬리가 잡혔습니다. 하락했어도 저항 돌파했고 저항이 지지로 바뀌었기에 종베가 가능합니다. 이런 경우에는 단기 급등을 목표로 하

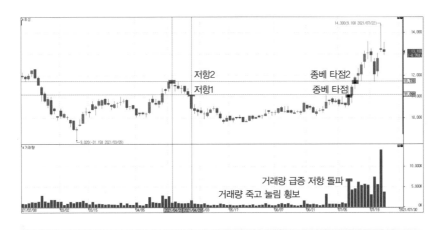

후성 일봉 차트입니다. 종베는 돌파 상승하는 종목을 잡거나 단기간 상승 가능성이 높은 종목 위주로 매매합니다

3S 일봉 차트입니다. 저항 돌파 외 단기 급락 이후 상승했을 때도 종베 타점으로 잡아볼 수 있습니다. 이때 거래량이 가장 중요합니다

고, 지지선을 이탈하면 손절하는 것으로 대응할 수 있습니다. 종베도 단타처럼 −3% 손절을 원칙으로 하며, 길게 본다면 −6% 하락까지 봅니다.

　다음 페이지의 차트에서는 저항1 밑으로 이탈한 상태에서 눌림이 지속 나옵니다. 거래량은 완전히 죽은 상태입니다. 이때는 단타나 스윙 외에는 타점으로 잡지 않습니다. 오래 걸릴 수 있고 단기 시세만 나올 수 있기 때문입니다. 그러다가 저항1을 돌파하는 양봉 상승이 나오는데, 이때가 종베 타점이 되어주며 저항1이 지지선으로 바뀝니다. 손절가는 −3%, −6%로 잡거나 저항1 이탈 시 밑꼬리로 회복하지 않을 때 손절 판단합니다. 종베 이후 대량 거래량이 발생하고 갭상승 급등이 나와주었습니다. 이때 저항2를 돌파했으므로 월봉으로 차트를 전환해 목표가를 계산하고 대응하는데, 장대음봉이 나오면 매도하고 재공략을 고려합니다.

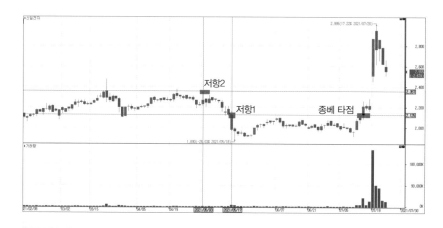

신일전자 일봉 차트입니다. 여름 테마주로 움직이는 종목으로 '폭염 뉴스'에 상승 추세가
나왔습니다

　　스윙은 비교적 안전한 투자이지만, 길게 본다고 다 좋지는 않습니다. 오
히려 손실이 더욱 커질 수 있어 제대로 된 방식을 익히지 않고 활용하면 독
이 될 수 있습니다. 하지만 테크닉만 잘 익히면 그 어떤 투자법보다 안정적
이고 높은 수익률을 낼 수 있습니다.

　　스윙으로 잡으려면 현재보다 미래 전망이 밝은 기업을 발굴해야 합니다.
실적이 꾸준히 상승하거나 그럴 가능성이 큰 기업이 유리합니다. 아래 차트
에서 중장기 타점으로 표기된 곳은 바닥을 의미합니다. 이후 저항 구간을
기준으로 지지1 구간이 스윙 타점이 됩니다.

　　이후 하락한다면 다음 지지나 중장기 타점에서 추가 매수를 진행합니다.
스윙은 기본 2차 매수까지 하는 게 좋으며, 혹시 불안하거나 초보 투자자라
면 3회 이상 자유롭게 조절하면 됩니다. 이후 저항1을 돌파하면 매도 타점
인데, 음봉이 나오지 않고 상승 추세가 이어지면 지속 보유합니다.

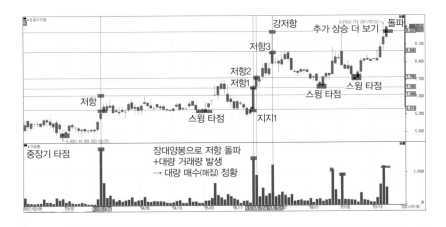

잉글우드랩 일봉 차트입니다. 스윙 타점을 다양하게 잡을 수 있는데, 스윙은 기본 3개월 이상 본다는 마음가짐으로 접근해야 합니다

저항2와 저항3까지 가고 강저항에서 강한 매도가 나왔습니다. 어느 부분에서 강한 매도세가 나오는지 확인하는 게 중요합니다. 이때도 매도 타점이고, 이후 재진입을 하고 싶다면 바로 재진입을 하는 게 아니라 저항1과 저항2가 지지가 되는지 보고 타점으로 잡습니다. 그런 확인 없이 바로 재진입을 한다면 그건 스윙이 아니라 단타나 종베가 되겠습니다.

손실이 자주 생기는 투자자들의 특징은 종목을 다시 들어갈 때 혹은 매수하고 싶은 종목이 생기면 충분히 분석하지 않고 바로 매수한다는 것입니다. 타점이 나올 때까지 기다리는 미학도 중요하며, 전혀 나오지 않으면 다음 저항을 기준으로 다시 지지를 잡아야 합니다. 주식을 신중하게 하면 타점을 놓쳐서 아쉬울 순 있지만 망하는 경우는 거의 없습니다. 욕심 때문에 손실이 커지면서 주식 시장을 이탈하게 되는 것이죠. 우린 그런 과정만 겪지 않아도 충분히 좋은 기회를 접할 수 있습니다.

장기투자, 이렇게 하면 된다

마지막으로 장기투자입니다. 장투 역시 단순히 매수하고 장기간 기다리는 것이 아니라 확실한 매매 계획이 있어야 합니다. 일반적으로 하는 장기투자와 농사 기법이 존재합니다. 큰 차이를 설명하자면 농사 기법의 경우 적금을 둔다는 생각으로 투자하는 방식입니다.

2020년~2021년은 화장품과 통신주, 조선주가 추세 전환이 되었습니다. 즉 중장기 기업을 발굴할 땐 우하향을 멈추고, 우상향의 직전인 종목을 발굴하면 좋습니다. 방식은 같으며 조건이 충족될수록 유리합니다. 실적 상승률과 거래량 증가입니다. 재무제표가 지속적으로 좋아지면서 거래량이 예전보다 상승하면 그때가 관심을 가질 시기입니다. 화장품, 통신, 조선이 딱 그런 움직임이었습니다. 추세 전환이 되었다는 의미입니다.

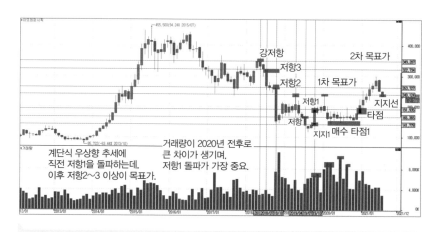

아모레퍼시픽 월봉 차트입니다. 우하향을 멈추고 우상향 계단식 추세 전환이 되는 형태입니다. 이런 차트를 직전에 잡는 것이 중장기투자의 매력입니다

그렇다면 시세가 새롭게 출발하고 직전 고점이 목표가가 됩니다. 지지1과 저항1이 새로운 장대양봉으로 기준으로 지지1 근처가 중장기 매수 타점이 됩니다. 이후 저항2가 1차 목표가이고, 기본 저항은 추세선으로 잡아 타점으로 볼 수 있습니다. 이후 1차 목표가 돌파 이후 장대음봉과 함께 다시 하락 추세로 지지선을 새로이 잡고 저항1이 지지선이 되었으므로 어느 구간에서 바닥을 다지는지 관찰하고, 재진입 또는 추가 매수 고려를 하고 장기투자로 또 접근할 수 있습니다. 만약 지속 이탈하면 상승 추세가 끝난 것으로 판단하고 공략을 중단하는 것인데, 그럴 가능성이 보이면 분할 익절 구간입니다. 장기투자는 길게 보고 판단해야 하므로 장래성이 중요하고 무엇보다 추세 전환의 과정인지 판단하는 게 핵심입니다.

목표가는 예전 저항과 고점을 기준으로 삼습니다. 주가는 회귀하는 성질을 가지고 있기 때문입니다. 이전 저항과 고점이 없으면 천정, 가보지 않은 목표가가 설정되는데, 추세가 빠지지 않으면 현재 주가의 50% 이상의 상승률을 목표가로 고려합니다. 이후 음봉이 어떻게 나오고 거래량의 변화가 어떻게 되는지 보고 판단합니다.

공시나 뉴스 역시 변수가 되므로 봐주어야 합니다. 앞 페이지의 동아지질 역시 지지와 저항 사이에서 지속 매집이 가능하고, 저항을 돌파하면 추가 타점이 나와주고 목표가가 되기도 하므로 추가 돌파가 나오는지 보고 매도 타점을 잡습니다. 장대양봉에 거래량 급증, 저항 돌파가 나오니 2차 목표가 근처까지 도달하는 모습입니다. 2차 목표가 이후 재차 하락하는 것을 보면 2차 목표가까지 가기에는 힘이 부족한 모습입니다. 목표가를 저항으로 잡기 때문에 돌파가 되지 않으면 분할 익절, 전량 익절로 계획하고 시간을 두고 재진입을 고려합니다.

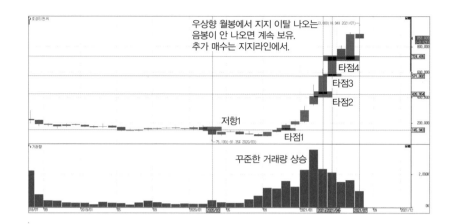

효성티앤씨는 음봉이 나오지 않는 우상향 패턴을 보입니다. 이런 종목이 있다면 음봉이 나오기 전까진 매도를 생각하지 않습니다

동아지질 월봉 차트입니다. 아모레퍼시픽과 같은 방식입니다. 이렇게 추세 전환 가능성이 높은 기업을 발굴해야 합니다

다음 목표가는 3차, 4차가 되는데 그러기 위해선 2차 목표가에 있는 저항이 지지선으로 바뀌어야 하고 그정도의 매수세가 나와주어야 합니다. 차트로는 그렇고, 가능한 호재나 기업 성장성이 있는지 가치 분석도 동시에 하면 좋습니다. 밝은 전망을 보는 판단에는 영업이익이 꾸준히 20% 상승하는지 부채가 줄어들거나 지난 3년간 전환사채, 유상증자, 감자 등 악재가 될 수 있는 공시가 몇 회 있었는지 봐야 하는데 적을수록 좋습니다.

월봉으로 지난 주가들의 박스권을 보며 그때 당시의 기업 상황을 확인하는 과정도 필수입니다. 주가는 비슷하게 움직이는 패턴이 존재하기 때문입니다. 대부분의 초보 투자자들이 이를 고려하지 않고 투자를 해 손실이 생깁니다. 또한 장기투자는 코스피, 코스닥 지수가 상승할 때에 비례해 수익률이 상승합니다. 즉 폭락장, 대세 하락장에선 장기투자가 불리합니다. 2017~2019년 지수 월봉을 보고 시총 상위 기업들이나 투자하고 싶은 종목들의 월봉 주가 변화를 직접 비교해보기 바랍니다. 지수가 우하향할 때의 패턴을 볼 수 있습니다. 주식투자를 오랫동안 한다면 상승장보다 하락장 때 대비를 잘하고 대응해야 생존할 수 있습니다.

아세아텍은 코로나19 이후 저점에서 오랫동안 있었습니다. 이때 재무제표와 실적 방향, 공시를 보고, 지난 월봉 저점을 이탈하지 않을 거란 판단으로 계속 모아가는 투자 전략입니다. 이땐 저항 아래가 매수 타점이고, 강저항대가 목표가가 됩니다. 강저항대를 돌파하면 1차 목표가는 다음 저항까지 상승합니다. 다음 매수 타점은 저항 구간이나 강저항대 구간이 지지선이 되었을 때가 됩니다. 이렇게 특정 가격대 밑에서 계속 모아가는 투자 전략을 '농사 매매'라고 부릅니다.

단타가 유리한 시장이 있고, 장기투자가 유리할 때가 있습니다. 시장의

아세아텍 월봉 차트입니다. 월봉 저점 근처에서 지속 매집해 수익을 극대화 하는 투자입니다

상승장, 하락장, 횡보장, 폭락장, 급락장 등 상황에 따라 결과가 크게 바뀝니다. 증시의 방향을 읽고 분석해 투자법을 검토하고 나에게 유리할 수 있는 방식으로 투자를 진행해야 합니다. 불리한 상황일 땐 투자를 멈추고 관망하는 것도 하나의 방법입니다.

좋아하고, 좋아할 수 있는 섹터부터 시작하라

우리는 살아가면서 후회하지 않을 선택을 해야만 결과와 상관없이 좋은 경험으로 남습니다. 이것은 주식을 할 때도 꼭 기억하고 있어야 할 내용입니다.

출발은 호감도 높은 종목 위주로 매매해야 하는 것입니다. 잘 모르는 기업에 돈을 넣기보다 처음에는 잘 알고 좋아하거나 관심 가질 수 있는 종목 위주로 봐야 합니다.

그리고 선별해야 합니다. 호감을 유지할 수 있게 움직이는지 봐야 합니다. 어떤 연예인을 좋아해서 엔터테인먼트 섹터 위주로 투자를 하는데, 현재 시장에서 움직임이 나쁘거나 주가가 마음에 들지 않게 움직이거나 할 수 있습니다. 기업은 좋아하나 투자 대상으로는 부적합할 수 있다는 이야기

종목명	현재가	전일종가	전일대비		등락률	매도호가	매수호가	고가	저가	거래량
큐브엔터	15,050	15,900	▼	850	-5.35	15,200	15,050	15,900	14,800	498,947
SM C&C	3,975	3,735	▲	240	6.43	3,980	3,975	4,225	3,725	82,068,392
YG PLUS	7,840	7,590	▲	250	3.29	7,840	7,830	7,980	7,440	5,458,687
JYP Ent.	41,850	40,550	▲	1,300	3.21	41,850	41,800	42,100	40,250	636,567
키이스트	15,900	15,850	▲	50	0.32	15,950	15,900	16,150	15,550	352,500
에스엠	63,500	62,600	▲	900	1.44	63,500	63,400	64,200	61,400	458,594
와이지엔터테인먼트	56,200	55,800	▲	400	0.72	56,200	56,100	56,600	55,000	182,528

섹터를 정했다면 종목 선별을 해야 합니다. 동종 업종을 관심 종목으로 설정하고 움직임을 확인합니다

입니다. 그러므로 나의 투자 성향과 적합하면서도 좋거나 좋아할 수 있는 섹터부터 시작해야 합니다.

호감 가는 섹터를 정했다면 관련주를 선별해야 합니다. 증권사에서 제공하는 정보를 참고할 수 있지만, 가장 좋은 방법은 인터넷에 관련주를 검색하는 것입니다. 여러 포털 사이트에서는 섹터별 기업을 정리해두었습니다. 그리고 시가총액과 거래량을 확인하며 가장 활발하게 움직이고 투자자들이 선호하는 기업을 분류합니다.

주가 상승이 가장 좋았던 기업은 대장주로 분류합니다. 이러한 자료가 어느 정도 정리되면 투자할 때 참고 자료로 삼습니다. 업종 자체에 호재가 발

생하면 동종 기업들의 주가가 상승하기 때문에 대장주에 투자하거나 움직임이 좋은 기업에 투자해 수익률을 올릴 수 있습니다.

예를 들어 엔터테인먼트의 경우 과거 빅히트 상장, 메타버스 수혜로 크게 움직였습니다. 그런 와중에 상승이 적거나 오히려 하락하는 종목은 잠시 관심을 두지 않고 있다가, 반등하거나 추세가 강하게 들어왔을 때 공략해야 합니다.

좋아하지 않는 섹터를 공략하게 되면 정보를 구하고 기업 공부를 하는 데 어려움이 많을 수 있습니다. 충분히 좋은 결과를 낼 수 있는데도 불구하고 올바른 판단을 내리지 못할 수도 있습니다. 즉 최선의 효율적인 투자를 하고 싶다면 처음에는 관심이 가거나 관심을 가질 수 있는 섹터부터 시작하는 것이 중요하겠습니다.

하지만 좋아하는 섹터가 없을 수도 있습니다. 주식투자를 할 만큼 관심이 가는 업종이 없을 수도 있겠고요. 그렇다면 눈에 보이는 업종들을 순차적으로 접해보는 것도 좋습니다. 예를 들어 평소에는 자율주행에 전혀 관심이 없었지만 뉴스에도 자주 나오고 미래를 주도하는 신기술이라고 나오니 한번 공부를 해볼까 하는 가벼운 마음으로 시작하는 거죠. 그리고 자율주행이 어떤 방식이고, 레벨 테스트가 무엇이고, 해외에선 어떻게 진행이 되고 있고, 관련 기업은 무엇이 있으며 국내에서 빛을 발할 수 있는 기업은 어떤 게 있을까? 이렇게 출발해도 좋습니다.

종목 선정을
어렵게 생각하지 말자

저자 직강 동영상 강의로 이해 쑥쑥!
QR코드를 스캔해서 동영상 강의를 보시고
이 칼럼을 읽으면 훨씬 이해가 잘 됩니다!

초보 투자자에게 가장 어려운 것은 종목 선정과 기업 발굴입니다. 전망이 밝은 섹터 위주로 보거나 가치주를 본다면 실적과 재무제표 분석을 해야 합니다. 어렵다면 후속주 위주로 보는 방법도 존재합니다. 참고로 실적주도 실적 시즌에 맞추어 움직이므로 테마주로 볼 수도 있습니다.

한 섹터가 움직이면 모든 종목이 일제히 상승하는 경우는 드뭅니다. 먼저 크게 상승하고, 이후 상승하는 후발주가 존재합니다. 즉 섹터가 있다면 그곳에 선발주와 후발주가 있습니다. 주가 상승이 가장 높은 종목이 선발, 대장주로 여기에 거래량까지 많으면 좋습니다. 2차전지가 상승하는데 타점을 놓쳤다고 아쉬워하지 않아도 됩니다. 후발주를 발굴해 공략하면 될 뿐입니다. 그렇다면 어떻게 잡을 수 있을까요?

357780 판 신 솔브레인

연속조회 삭제 전체삭제

종목명	현재가	전일종가	전일대비	등락률	매도호가	매수호가	고가	저가	거래량
솔브레인	353,500	367,700 ▼	14,200	-3.86	353,600	353,500	372,600	352,000	67,603
포스코케미칼	158,000	154,500 ▲	3,500	2.27	158,000	157,500	162,000	155,000	692,861
일진머티리얼즈	83,900	83,400 ▲	500	0.60	83,900	83,800	85,700	82,700	392,812
삼진엘앤디	3,960	3,840 ▲	120	3.12	3,965	3,960	4,015	3,840	1,750,100
씨아이에스	12,100	11,550 ▲	550	4.76	12,150	12,100	12,600	11,450	4,018,792
고려아연	539,000	510,000 ▲	29,000	5.69	540,000	539,000	550,000	518,000	155,324
SK이노베이션	263,000	260,500 ▲	2,500	0.96	263,000	262,500	265,000	260,500	268,941
PI첨단소재	54,000	56,100 ▼	2,100	-3.74	54,000	53,900	56,300	53,600	365,596
SK아이이테크놀로지	235,500	230,500 ▲	5,000	2.17	235,500	235,000	237,000	227,500	480,565
삼성SDI	751,000	738,000 ▲	13,000	1.76	751,000	750,000	751,000	736,000	253,498
LG화학	828,000	826,000 ▲	2,000	0.24	828,000	827,000	835,000	820,000	149,803
대주전자재료	56,600	56,100 ▲	500	0.89	56,600	56,500	58,300	56,000	414,657
엘앤에프	111,700	111,600 ▲	100	0.09	111,800	111,700	117,600	110,500	908,522
대보마그네틱	35,800	35,100 ▲	700	1.99	35,850	35,800	36,100	34,950	66,749
필옵틱스	11,900	12,200 ▼	300	-2.46	11,950	11,900	12,300	11,900	87,918
천보	224,200	224,500 ▼	300	-0.13	224,300	224,200	229,900	221,800	116,043
에코프로비엠	272,400	265,900 ▲	6,500	2.44	272,400	272,300	273,300	263,300	398,031
코스모신소재	40,550	40,350 ▲	200	0.50	40,600	40,550	42,800	40,200	1,739,869
코스모화학	12,700	12,250 ▲	450	3.67	12,700	12,650	12,950	12,350	769,802

2차전지 관련주 일부입니다

　　일단 현재 강세인 기업이 어떤 2차전지 관련주인지 보고, 그것과 같지만 상승이 제한적인 종목을 봅니다. 이후 차트 분석과 기업 분석을 통해 타점을 잡아 진행합니다. 섹터 자체에 좋은 뉴스나 호재가 나오고 주가 상승이 이어지면 얼마든지 후속주를 발굴해 공략할 수 있습니다.

　　2021년 7월의 경우 코스모 화학, 코스모 신소재, 대주전자재료, SK아이이테크놀로지가 먼저 크게 올랐고, 이후에 엘앤에프, TCC스틸, 삼진엘앤디, 씨아이에스, 고려아연이 뒤를 이어 상승했습니다. 2차전지 선발주가 상승하는 걸 발견했고 추세가 이어질 수 있다고 판단되면 후속주를 공략하면 됩니다.

　　이렇게 종목 선정을 참고해 선정할 수 있으므로 너무 어렵게 생각하지 않아도 됩니다. 발굴할 때 봐야 할 점은 재무제표, 시가총액, 실적, 공시, 차트 등인데, 차트의 경우 과거 상승 전례가 있는지 보고 불리한 공시가 몇 회 있었는지 분석하며, 선발주와 얼마나 공통점이 있는지 조사합니다.

현재 강한 기업들의 상승 랠리가 끝나고 나면 다른 기업으로 수급이 쏠립니다. 이것을 '주도 섹터의 순환매'라고 말합니다. 증시에서 거래되는 투자금에 한계가 있기 때문에 특정 섹터에만 돈이 강하게 몰리기 때문입니다. 주도 섹터는 보통 어느 순간 정해지며 어느 순간 사라집니다. 이제 시작인 주도주를 잡으면 큰 수익을 노려볼 수 있지만 끝나가는 주도주를 잡으면 큰손실을 피할 수 없게 됩니다. 그러므로 거래 대금에 주목해야 합니다.

거래량을 동반한 큰 하락이 나오면 주도주 이탈로 보고 투자를 하지 말아야 하고, 반대로 큰 상승이 나오면 주도주 랠리로 판단할 수 있습니다. 주도 섹터는 보통 투자자들에게 인기 있는 업종이나 호재가 많이 나오고 있는 것, 혹은 미국장에서 활발하게 투자되고 있거나 현재 주도주와 비슷한 업종이 다음 주도 섹터가 될 수 있습니다. 아니면 뉴스를 통해서도 알 수 있는데 투자자를 강하게 부르는 뉴스가 나와야 하며 그 전에 강한 상승이 없었어야 합니다. 예를 들어 한미정상회담 미사일 사거리 지침 완전 해제라는 뉴스가 나오고 우주방산 관련주가 강한 상승이 나왔습니다. 아직 상승이 덜 되었고 강한 뉴스가 나오면 차기 주도 섹터가 될 확률이 올라갑니다. 이땐 증시에 다른 강한 주도주가 없을 경우 그 가능성이 더 올라가니 항상 현재의 주도 섹터, 강한 주도주가 무엇인지 알아두고 종목들을 살펴보는 게 중요합니다.

잘못된 투자습관, 초보일 때 고쳐야 한다

"세 살 버릇 여든 간다"는 유명한 속담이 있습니다. 이는 잘못된 버릇이 오랫동안 가기 때문에 초기에 개선해야 한다는 의미인데요, 주식도 이와 똑같습니다.

바람직하지 못한 매매 습관으로 투자를 지속하면 나중에 고치기 정말 어려워집니다. 잘못된 투자습관은 나중엔 고치기가 너무 어려워지므로 초보 투자자일 때 고쳐야 합니다. 꼭 피해야 하는 매매 습관과 주식투자를 오랫동안 할 수 있는 좋은 습관에 대해 살펴보겠습니다.

우선 잘 모르는 종목인데 무리하게 추격 매수, 고점 매수해선 절대 안 됩니다. 대응이 되고 잘 알고 투자하면 기법이 되지만, 그렇지 않으면 투기입니다.

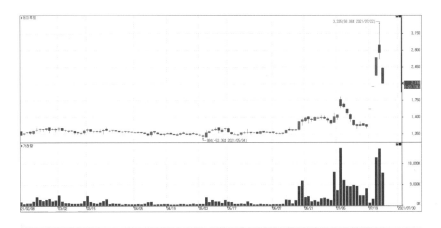

에이루트 일봉 차트입니다. 급등, 급락이 나오고 거래량도 상당히 많습니다

　위의 에이루트 일봉 차트를 보면 3연속 상한가를 가고 추가 상승 이후 장대음봉에 하락하는 모습입니다. 상한가 이전에 잡았다면 대박 수익이지만 그렇지 않고 3,300원 근처나 그 이하에서 잡으면 큰손실입니다. 회복이 안 되는 주가가 될 수도 있습니다. 그렇게 수년 갖고 있다가 상장폐지까지 가는 경우도 많습니다. 에이루트가 상장폐지가 된다는 이야기는 아니지만, 단기 급등주는 초보의 경우엔 쳐다보면 안 됩니다. 정 매수하고 싶다면 며칠, 몇 주 지켜보고 분석하고 진입해야 합니다. 항상 계획적인 매매를 해야 하며, 손실에 대비하는 법을 먼저 익혀야 합니다.

　계속 상승하는 종목은 손에 꼽힙니다. 월봉 기준 고점에 위치한 종목은 가급적 투자하지 않아야 합니다. 묶이면 역사적 고점으로 회복이 안 될 수 있고, 손실이 커지기 때문입니다. 손절가를 항상 정해야 하며, 좋은 투자 습관을 기르기 위해선 피해야 하는 매매를 알고 있어야 합니다.

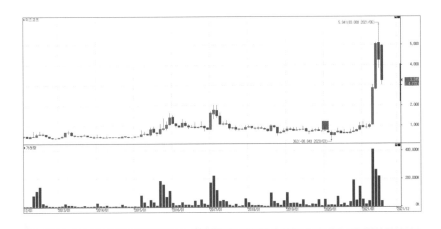

위즈코프 월봉 차트입니다. 월봉 기준 고점 매수를 피해야 하는 이유입니다

급등중인 종목의 매수를 피하고, 장대음봉이 나오면 매도해서 피하거나 접근하지 않아야 합니다. 장대양봉이 나오고 고점이라면 며칠, 몇 주 지켜보고 공략해야 합니다. 흥분하지 않고 차분하게 매매해야 합니다. 실수로 매수했다면 손절가를 꼭 잡고 대응해야 합니다.

한 기업에 올인하지 않고 5종목 이상 분산투자를 해야 합니다. 이때 한 섹터당 한두 종목만 투자합니다. 이유는 섹터 자체의 흐름이 나빠지면 관련주들이 모두 하락할 수 있기 때문입니다.

다양한 섹터를 투자하는 것이 순환매 투자의 시초입니다. 한번 진입할 때 한방에 매수하지 않고 분할 매매를 합니다. 매도도 분할로 진행하면 좋습니다. 수익이 줄어들 수 있지만, 상대적으로 안정적인 투자를 할 수 있습니다. 대응을 하지 않아 투자가 망하는 것입니다. 예수금은 항상 30%를 가지고 있어야 합니다. 이 예수금은 비상금입니다. 갑자기 시장이 급락해서 저점 매수가 가능하거나 추가 매수가 필요할 때 쓰기 위함입니다. 즉 위급할 때 사용하는 예수금입니다. 포트폴리오를 구성할 때는 70%의 예수금을 100으로 계산해 진행하고, 나머지 30%를 안전하게 활용해야 합니다.

테크닉이 부족하면 단타와 스캘핑은 절대 하지 않아야 하며, 기업 분석을 실패할 수도 있으니 손절을 두려워하지 말아야 합니다. 즉 저점에 매수한 경우가 아니라면 손절 없는 투자를 고집하지 말고 가능하면 손절가를 정해야 합니다. 주가가 나쁘게 움직이면 스트레스가 상당하기에 투자 초기에 습관을 잘 들이고, 쉬워 보이지만 지키기 어려운 원칙들을 잘 준수해 매매를 진행해야 합니다.

순환매 투자를 하는 방법과 실패하는 이유

순환매 투자란 종목과 섹터를 옮겨가며 하는 투자를 의미합니다. 즉 주도 섹터 투자를 해야 한다는 건데, 이는 절대 쉬운 투자가 아닙니다. 무엇보다 지금 주도 섹터와 차기 주도 섹터를 파악하는 능력이 필요하므로 적지 않은 숙련과 시황을 읽는 눈이 필요합니다. 하지만 이런 부분은 연습을 거쳐 시장 분석을 하면 어느 정도 가능하고 요즘은 정보가 많기 때문에 주도 섹터와 주도주를 참고할 수 있습니다.

단, 매매하고 나서부터 진짜 문제가 발생합니다. 투자할 때 내가 팔면 주가가 상승하고, 사면 내려가는 현상을 자주 접했을 것입니다. 또한 투자하고 손실이었다가 시간이 수개월 지나고 본전이 왔거나, 적은 수익 구간이 와서 매도했더니 크게 상승해 낙심한 경험도 있을 겁니다. 주식투자자라면

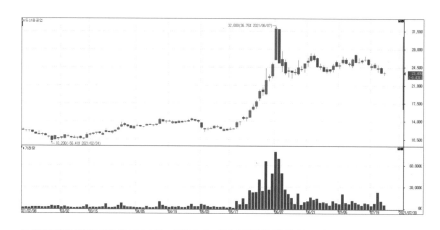

두산중공업 일봉 차트입니다. 5월부터 6월까지의 시세 흐름은 좋았습니다

누구나 경험하는 일입니다. 원인은 순환매 투자의 실수에서 비롯됩니다.

순환매 투자는 쉽게 말해 주도 섹터를 옮겨가며 투자하는 방식입니다. 이 말은 이미 상승세인 주도주를 투자하는 방식이 아니라, 선취매를 하고 기다리는 것입니다. 이런 경우에는 기업과 섹터에 대한 분석과 믿음이 필요한데, 기본 스윙 투자로 보고 대응해야 합니다.

순환매 투자를 실패하는 이유는 다른 주도주가 움직였다고 이사하는 습관 때문입니다. 보통 특정 종목이나 섹터가 강세면 다른 주도주, 섹터들이 약세가 됩니다. 증시에서 움직이는 돈은 한계가 있고 당장 강한 기업 위주로 움직이기 때문입니다. 이때에는 단타나 종베로 투자해야 합니다. 순환매 투자는 스윙 기반이므로 추격해선 안 됩니다. 그리고 주식은 상승만 하는 경우는 손에 꼽습니다. 거의 1% 이하의 확률이라고 보면 됩니다. 즉 계속 상승만 하는 섹터는 없습니다. 돈은 돌고 도는 법입니다.

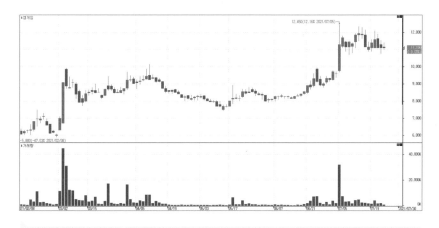

엠게임 일봉 차트입니다. 메타버스 수혜로 6월부터 7월까지 시세 흐름이 좋았습니다

　　전력 부족에 원전 이슈가 나오기 시작하면서 원전주가 좋았고, 이후 메타버스가 뒤를 이었습니다. 메타버스 섹터가 주도 섹터가 되어 일제히 우상향을 했지요. (여기에 기법을 응용하면, 상한가 이후 혹은 상한가에 가까운 장대양봉 상승을 하고 20일선을 이탈하지 않은 상태에서 눌림이 유지되면, 거래량 분석 이후 공략이 가능합니다.) 만약 5~6월에 메타버스 관련주를 팔고 원전주가 상승한다고 따라붙었다면 어떻게 되었을까요? 잘못하면 두 섹터 모두 놓치게 됩니다. 순환매 투자의 실수가 여기에서 비롯됩니다. 차례를 기다릴 줄 알아야 하는데 순서를 기다리기만 하는 게 아니라 얼마나 기다릴지 기간을 정해야 합니다. 즉 충동적으로 종목 교체를 하는 게 아니라 분석을 토대로 계획적으로 순환매 투자를 진행하는 것입니다. 2021년 7월 기준 5G와 수소 섹터가 만족스러운 상승이 안 나왔는데 이것 역시 차례가 오지 않은 것입니다. 기다림의 미학도 한계가 있으므로 얼마나 투자를 유지할 수 있는지 한계선을 정해야 합니다.

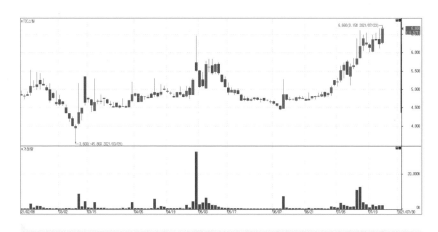

TCC스틸 일봉 차트입니다. 2차전지 수혜로 후속주로 움직여 7월부터 시세가 좋았습니다

　　2차전지가 7월부터 좋았고 7월 말까지 후속주가 좋은 움직임을 보였습니다. 이때 원전 후속주인 우진의 주가도 좋았지요. 순환매에도 선발주, 후속주(후발주) 개념이 성립되는 모습입니다. 마찬가지로 2차전지 종목을 가지고 있다가 5~6월에 정리했다면 7월에 수익을 놓칩니다. 잘못하면 손실이 생길 수도 있습니다. 그래서 분산투자를 할 때 다양한 섹터에 투자해야 합니다.

마이너스에 익숙해져야
플러스에 익숙해진다

저자 직강 동영상 강의로 이해 쑥쑥!
QR코드를 스캔해서 동영상 강의를 보시고
이 칼럼을 읽으면 훨씬 이해가 잘 됩니다!

　손실을 두려워하면 안 됩니다. 주식을 할 때 손실일 때도 불안하고 수익일 때도 언제 매도해야 하나 고민하는 등 어느 쪽에도 익숙해지지 않는 투자자들이 많이 있습니다. 이는 기본적으로 주식투자에 대한 개념이 아직 잡히지 않아서 생기는 감정이고, 투자에 두려움이 많아 심리가 불안정한 것입니다.

　손절가를 정하지 않았거나 대응하지 못한 경우에는 반등할 때 정리하거나 스윙, 중장기투자를 진행하는 방법이 있습니다. 추가 매수가 가능하다면 지지선, 생명선 근처를 타점으로 고려합니다. 이때 마이너스에 익숙해져야 합니다.

　다음 페이지의 LF 일봉 차트를 보면, 18,000원 근처에서도 상승과 하락을 반복했는데 결국 시간이 흘러 우상향하고 급등이 나왔습니다. 반대로 7월

LF 일봉 차트입니다. 급등 이후 우하향을 하고 있으며 지지선을 지지하고 있는 모습입니다. 거래량은 죽어있고 다음 생명선까지 추가 하락할 가능성이 있습니다

중순 기준 다시 하락세지만 하방에서 다시 매집이 나올 수 있어 길게 가져가는 투자법으로 전환할 수 있습니다. 손절가를 정해 손절하더라도 손실에 대해 너무 불안해해선 안 되고, 손실 중이어도 길게 볼 수 있는 종목이라면 장기투자로 전환할지 판단하고 투자 전략을 새로이 세울 수 있습니다. 돈이 묶여도 오히려 큰 수익을 볼 수도 있습니다.

이렇게 마이너스인 상황에 익숙해져야 플러스에도 익숙해질 수 있습니다. 어느 쪽도 익숙하지 못하면 수익이어도 불안하고, 손실이어도 불안해 제대로 된 판단이 불가능해지며, 실전 투자에서 실수하는 일이 많아집니다. 눈앞에 보이는 손익도 중요하지만, 월별 손익과 연말 손익이 더욱 중요합니다. 청사진을 크게 그려 투자 전략을 세우는 습관도 중요합니다. 일희일비를 극복해야 주식과 친해질 수 있습니다.

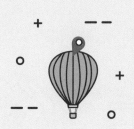

6장

평생을 좌우하는
돈 버는
주식투자 습관

주식투자를 하다 보면 아쉬운 상황에 마주칠 때가 많습니다. 그때 욕심을 부리거나 잘못된 판단을 하면 돌이킬 수 없는 결과로 이어지기 쉽습니다. 6장에서는 버려야 하는 것과 내려놓는 방법, 그리고 저평가 우량주에 대한 팁을 정리했습니다. 차분하게 투자하는 방법을 익혀야 실수를 줄일 수 있습니다.

투자 안목을 기르는 것을 익절보다 기쁘게 생각하라

주식투자를 할 때 가장 중요한 것은 데이터를 쌓는 것입니다. 기록의 중요성을 의미합니다.

관심만 가지고 있거나 분석을 끝낸 종목이 상승했을 때 매수하지 않아 후회할 때가 있습니다. 수익을 볼 수 있었기 때문에 아쉬움이 커집니다. 하지만 그런 종목을 발굴했다는 과정에 집중해야 합니다. 그리고 같은 실수를 하지 않도록 기록하고 천천히 개선하면 되는 일입니다.

괜히 아쉬움에 추격 매수를 하거나 급하게 매매하면 자칫 큰손실을 볼 수도 있습니다. 매수하는 데까진 이르지 못했더라도 좋은 종목을 발굴했다는 본인의 안목과 데이터를 쌓아갈 수 있다는 사실에 집중해 익절의 기쁨보다 더 긍정적으로 생각해야 합니다. 얼마든지 좋은 기업에 투자할 수 있

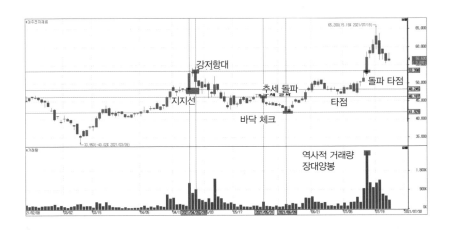

기 때문입니다.

타점을 놓친 종목이 있어 아쉽다면 그럴 때마다 이렇게 기록을 해둡니다. 사진으로 저장해서 가지고 다니면서 시간 날 때마다 봐도 좋습니다. 주가는 패턴과 파동이 존재하고 비슷한 상황이 언제든 올 수 있습니다. 다른 종목에서 비슷한 패턴을 자주 접할 수도 있습니다.

대주전자재료는 바닥 체크 이전 저항선과 지지선을 잡아놓을 수 있었고, 추세 돌파가 되었을 때는('추세 돌파'라는 글자의 오른쪽 양봉을 보면 됩니다. 저항선을 돌파하는 양봉이 나오네요) 종베 타점으로 가장 좋았고, 이후 상승하다가 매도세에 부딪히고 재차 하락합니다. 이때 눌림 패턴이 나온 것을 알 수 있고 스윙 타점이 나옵니다.

다시 돌파가 나오는데 역사적 거래량에 장대양봉이 나와줍니다. 돌파 타점이니 이때도 종베 타점이 나옵니다. 추격 매수나 고점 매수를 했다면 힘들어질 수 있습니다. 타이밍을 놓쳤을 땐 분석과 기록부터 해야 합니다. 주가가 오르고 나서 분석이 보이는 경우가 많은데, 이렇게 훈련을 미리 하고 데이터를 쌓아두면 투자 성공률이 확실히 상승합니다.

거듭 강조하지만, 주식을 할 때 기록하는 습관을 길러야 합니다. 그 기록 한 번이 수익률과 비례합니다.

반대로 하락해 투자에 실패했을 때도 손절가를 어디서 정했어야 하고 어떤 원인으로 하락하고 주가 추세가 나쁜지 점검해야 합니다. 이러한 데이터가 쌓일 때마다 투자가 확실하게 달라질 것입니다.

여러분이 아쉬웠던 종목들을 시간 날 때 공부 삼아 분석하고 기록으로 남겨보기 바랍니다. 그냥 지나가면 까먹고 타이밍을 놓치는 일이 반복됩니다. 악순환의 반복이지요.

주식투자 시 버려야 되는 나쁜 습관들

좋은 경험을 해야 합니다. 지금부터 주식투자 시 버려야 되는 나쁜 습관들을 정리해보겠습니다. 이는 초보 탈출의 첫걸음입니다.

첫 번째로 시장이 좋지 않을 때 투자하는 습관입니다. 주식을 하다 보면 중독된 것처럼 하루라도 매매를 하지 않으면 찝찝한 것 같은 기분이 들 때가 있습니다. 굳이 거래하지 않아도 되는 시점에 급하게 거래를 하면 손실이 커지거나 투자 과정이 꼬일 수 있습니다. 하락폭이 큰 시장 분위기에선 투자를 쉬는 것도 방법입니다. 지수가 −1% 이상 하락할 땐 당일 저점을 이탈하지 않고 회복하는지 살펴보고, 전날 종가보다 높은 양봉일 때 종베하거나 매매를 진행해야 합니다.

두 번째로 한방 매매입니다. 국내 증시는 굉장히 불안정합니다. 종목들의 움직임 역시 말도 안 되게 이상하게 움직일 때가 많습니다. 하락하지 않아야 하는데도 하락하고, 지수가 하락하면 덩달아 떨어지는 등 복합적인 움직임이 잦습니다. 게다가 주식투자는 열 번을 익절해도 단 한 번의 치명적인 손절로 모든 걸 잃을 수 있기 때문에 한방 매매는 피해야 합니다. 매수도, 매도도 반드시 분할로 하는 습관을 가져야 합니다.

세 번째로 한 섹터로만 포트폴리오를 구성하는 것입니다. 해당 섹터에 악재가 나오거나 하락 추세가 되면 손실이 엄청 커지고, 기회비용까지 날아갈 수 있습니다. 한 섹터당 1~2종목만 공략하고 다양한 섹터를 공략하는 것이 좋습니다.

네 번째는 하락장에 매수하는 것입니다. 하락이 언제 끝날지 알기 어렵고, 어느 구간까지 떨어지고 지지가 될지 아는 것은 매우 어려운 일입니다. 하락하고 있는 시장에선 되도록 매수하지 않아야 하는데, 그런데도 저점 매수의 욕심 때문에 섣불리 매매할 때가 많습니다. 증시 격언에는 '무릎에서 잡아서 어깨에서 팔라'는 말이 존재합니다. 이 말은 발이 어디에 있는지 먼저 확인하고 무릎에서 사라는 의미이고, 머리가 어느 정도 높이에 있는지 보고 어깨에서 매도하라는 의미입니다. 이를 하락장과 연관 지으면, 하락이 끝나고 반등 이후 시장이 안정되었을 때 매수하는 것이 안전합니다.

다섯 번째는 남의 말만 믿고 덥석 매수하는 투자입니다. 적어도 나의 판단으로 투자해야 합니다. 타인에게 모든 걸 의존하면 갑작스러운 변수에 대응을 못하게 됩니다. 나에게 알려주는 사람이 곁에서 24시간 밀착해 조언해줄 수도 없으니, 타인을 너무 맹신하지 말고 스스로 주도해서 매매하는 것이 중요합니다. 투자의 결과는 온전히 나의 책임이라는 것도 상기해야 합니다.

여섯 번째는 기대 수익률을 계산하지 않고 진입하는 것입니다. 지금 진입하면 5% 수익이 최선인데 위험한 자리에서 많은 금액을 투자할 필요는 없습니다. 기대 수익률을 미리 계산하고 투자하면 실수를 줄일 수 있고, 침착한 대응이 가능합니다. 내가 얼마나 벌 수 있고 수익을 볼 생각인지 최소한의 계획은 하고 진입하는 것이 옳습니다.

일곱 번째로는 손절가를 정하지 않고 투자하는 것입니다. 손실이 커지면 극복하기 어려워집니다. 부담되지 않고 대응이 가능한 수준의 손절가를 정해야 합니다. 투자 방식에 맞추어 손절가를 정해도 좋습니다.

여덟 번째는 투자 성향을 정하지 않는 것입니다. 테마주냐 실적주냐, 단기냐 장기냐 등의 문제에서 나의 투자 성향과 투자한 종목의 성향을 파악하거나 정하지 않고 투자를 지속하면 안 됩니다.

아홉 번째로 분석 없이 하는 추격 매수와 뇌동 매매입니다. 주식은 도박이 아닙니다. 투기가 될 때도 있지만 가능하면 투자를 해야 하고, 분석에 의존해서 하는 것이 맞습니다. 운에 의존하기만 하다가 운이 다 떨어지거나 한 번 미끄러지면 그동안 벌었던 수익을 모두 잃을 수 있는 곳이 주식시장입니다.

열 번째는 예수금을 챙기지 않는 습관입니다. 시장은 언제든 급변할 수 있습니다. 예수금이 있으면 저점 매수를 할 수 있는 시기는 언제든 옵니다. 저의 체감으론 분기에 한 번씩 오는 것 같습니다. 이때 예수금이 있으면 좋은 매매가 가능한데, 예수금이 없어서 매매를 못 하는 경우가 많습니다. 초보 투자자들이 흔히 겪는 일입니다. 예수금 챙기는 걸 손해 보는 행동이라 생각하지 말고, 더 좋은 기회를 잡기 위한 것이자 위기로부터 나를 구해주는 귀인으로 여겨야 합니다.

항상 나에게
질문을 던져라

매수한 이유는 물론 매도한 이유까지 정리할 줄 알아야 하며, 다른 사람에게 설명할 수 있을 정도는 되어야 합니다. 그 정도의 지식을 익힌 상태에서 기업을 공략해야 합니다. 단순히 누가 좋다고 말하거나 뉴스에서 가볍게 본 내용을 근거로 매매하면 위험할 수 있습니다.

테마주의 경우 제대로 된 사전 지식 없이 매매할 때가 많아 각별한 주의가 필요합니다. 단타나 급등주를 공략할 땐 차트에 의존할 때가 많은데, 기술적인 매매를 할 때도 남에게 설명할 수 있을 정도의 분석 근거를 가져야 합니다.

출발은 나에게 질문을 던지는 것부터 시작합니다. 기업의 가치가 중요할 때 무엇을 봐야 하고 수급에 의존하는 투자일 때 어떤 부분부터 봐야 하는지 지금부터 살펴보겠습니다.

가치 기업은 주가가 올랐을 때 어떤 이유와 환경으로 상승했는지 파악해 두어야 합니다. 즉 투자하기 전에 지난 데이터를 분석해야 합니다. 실적 상승이 이유라면 어떤 공시인지, 얼마만큼 성장해 호재가 되었는지 파악합니다. 추가 상승을 본다면 실적이 더욱 좋아야 하고, 주가가 회복하는 단계라면 실적 회복을 보는 것입니다.

또한 가치 종목은 배당을 줄수록 좋으므로 지난 배당 기록을 확인해야 합니다. 영업이익 상승률도 필수로 봐야 합니다. 분기별, 연도별로 꼼꼼하게 확인하는 것입니다. 거래량의 변화도 주가 변화와 함께 보면 좋습니다. 반대로 주가가 하락했을 때도 그 이유를 알아야 합니다.

이렇게 가치 기업을 투자한다면 최소 6개월 이상의 지난 데이터와 역사를 파악해야 합니다. 이제 지난 3년 동안 유상증자, 전환사채, 감자 등 주가에 악재가 되는 공시가 있었는지 보고, 있다면 몇 회 있었는지도 확인해야 합니다. 전환사채의 경우 전환가액과 목적, 금액을 꼭 봐야 합니다. 전환가액이 현재 주가와 큰 차이가 없다면 악재에서 멀어지고, 전환사채 수량(금액)이 적어도 악재에서 멀어집니다. 주가에 별 지장을 주지 않기 때문입니다. 기업이 꾸준히 성장하는데 전환사채가 있었고 전환가액이 현재 주가보다 비싸며 수량도 많은 상태라면, 해당 전환가액까지 상승할 가능성이 높은 것으로 분석할 수 있습니다. 그만큼 물량이 있어 투자 가치가 상승합니다. 전환사채 발행은 상황에 따라 호재가 되기도 하고 악재가 되기도 하며, 시간이 흐르고 나서 악재에서 호재로 바뀌거나 혹은 호재에서 악재로 바뀌기도 합니다.

단, 전환사채나 유상증자 등의 공시를 많이 낸 기업은 가치투자에 주의해

저평가 우량주

PER	낮을수록 좋다
PEGR	1을 기준으로 0.5 이하가 좋다
EPS	높을수록 좋다
CPS	많을수록 좋다
PBR	적을수록 좋다
PSR	높을수록 좋다 (너무 높으면 거품)
ROE	높을수록 좋다
PCR	적을수록 좋다

시가총액	2천억 이하 or 5천억 이상
PBR	1배 이하
PSR	1배 이하
PER	10배 이하
ROE	3% 이상
유보율	100% 이상
부채비율	100 이하
영업이익 증가	10% 이상
EV / EBITDA	10 이하
배당 지급	○

야 합니다. 현금 흐름이 나쁘거나, 주주들에게 스트레스를 많이 준 전례가 있어 투자 가치가 하락했기 때문에 주가가 나쁘게 움직이기 쉽습니다.

대체로 공시가 안정적이고 배당을 매년 주며 꾸준히 성장하는 기업이 가치투자를 하기에 적합합니다. 대주주 지분율이 40% 이내이면 더욱 좋습니다. 너무 높아도 주가가 무겁게 움직이고, 너무 낮으면 가볍게 움직입니다. 부채가 줄어들고 있거나 순이익에 비해 너무 많지 않을수록 좋습니다. 앞 페이지의 표는 '저평가 우량주'에 대한 팁박스입니다.

다음으로 테마 기업입니다. 가치 종목과 마찬가지로 지난 데이터를 분석할 때 어떤 뉴스, 테마로 움직였는지 기록합니다. 같은 이슈에 똑같이 움직일 수 있기 때문입니다. 무엇보다 가장 중요한 것은 거래량입니다. 테마주는 주가가 급등하거나 갑자기 움직일 때가 많습니다. 대량 거래량이 들어오는 타이밍이 중요하다는 이야기이며, 거래량이 줄어들면서 하락 추세일 땐 위험합니다.

테마주는 투자자들에게 단기적으로 주목받고 관심을 받을수록 유리합니다. 경우에 따라 기간이 길어져 테마주여도 스윙이 되기도 하는데, 그땐 박스권을 벗어나지 않고 주가가 움직이는지 살펴봐야 합니다.

테마주는 특정 상황, 이슈에 따라 움직이기 때문에 그 상황을 잘 알고 이해해야 합니다. 그렇다면 테마에 대해 설명할 줄 알아야 하고, 거래량과 차트 분석을 할 줄 알아야 합니다. 언제 빠지고 언제 들어가야 할지도 예리하게 알고 있어야 합니다. 틀릴 수도 있고 실패해서 손실을 볼 수도 있지만, 분석하는 습관을 기르고 설명할 수 있는 지식을 쌓는 경험을 반복해야 투자 승률이 높아집니다.

지나간 손실은 잊고
앞으로를 생각하라

　손절은 누구나 할 수 있고, 투자 실수 역시 흔히 일어나는 일입니다. 오히려 손절을 제때 해야 다른 종목을 공략할 수 있고 기회비용을 벌 수 있습니다. 큰손절을 할 때도 있는데 가장 중요한 건 정신을 다스리는 일입니다. 주식투자는 사람이 하는 일이다 보니 멘탈이 생각 이상으로 중요한 역할을 합니다. 손실이 발생했을 때마다 좌절하고 정신을 잃으면 다가오는 수익도 놓쳐버릴 수 있습니다. 지나간 일은 잊고 미래를 생각해야 합니다.

　한 번 큰손실을 봤다면 그땐 주식투자를 잠시 쉬는 게 좋습니다. 쉬는 동안 주식 자체를 아예 생각하지 않아도 되고, 지난 투자를 반성하는 의미에서 기업 발굴 및 종목 분석을 해도 됩니다. 이땐 실전 매매를 쉬고 정신력을 회복해야 합니다. 그래야 나중에 제대로 복수전을 할 수 있고, 다른 종목을

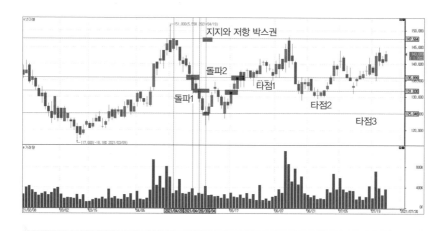

넷마블 일봉 차트입니다. 주가가 크게 떨어졌다면 지지와 저항 박스권을 넓게 잡고 다음 지지
와 저항이 잡힐 때 좁혀가며 박스권을 여러 개 만듭니다

투자할 때 제 실력을 다할 수 있습니다.

　저항 박스권 근처에서 손절을 했고 복수전을 하고 싶다면, 지지와 저항
박스권을 크고 넓게 잡아둡니다. 즉 강저항대와 바닥 사이에서 타점을 좁혀
들어가는 방향입니다. 이후 돌파1, 돌파2 구간이 저항선이고, 쌍바닥을 찍
고 돌파1을 돌파하면서 저항선이 지지선이 되었습니다. 이후 눌림이 나와
주는데 이때 타점1이 되어주고, 종베라면 돌파1 때가 해당합니다. 이후 강
저항대를 돌파하지 못하고 다시 하락하는데, 자연스레 매도 타점이 나오고
돌파2를 이탈하면 지지가 어디서 되는지 확인될 때까지 매수 금지입니다.

　이후 돌파1 구간에서 지지가 되는 모습이 나왔고 타점2가 나와줍니다. 분
할 매수로 접근하고 추가 이탈해서 하락하면 타점3이 추가 매수 구간을 생
각해볼 수 있습니다. 하지만 주식은 우하향, 바닥을 이탈하는 큰 하락이 나

올 수도 있기에 상황에 맞추어 신중하게 해야 하고, 돌파1 구간을 이탈하면 반대로 손절해도 됩니다.

하지만 어디까지나 이것은 넷마블 일봉 차트 기준이고, 다른 종목들도 똑같이 움직인다는 보장이 없으므로 항상 대응을 생각해야 합니다. 대세 하락장이 되면 지수가 저점을 깨고 월봉 기준으로 하락세를 보이는데 그러면 다른 기업들의 주가도 우하향할 수 있습니다. 이건 지난 2017~2019년 차트가 좋은 예시가 됩니다.

복수전을 할 때 주의할 점은 기업과 시장 상황에 따라 지지선을 이탈하면 손절도 고려할 줄 알아야 하고, 저항을 돌파할 때가 종베 타점, 이후 눌림이 나와주면 스윙 타점이라는 것입니다. 지지와 저항 박스권을 크게 잡는 것이 중요합니다.

놓쳤다고 생각되는 종목은
관심만 가져라

저자 직강 동영상 강의로 이해 쏙쏙!
QR코드를 스캔해서 동영상 강의를 보시고
이 칼럼을 읽으면 훨씬 이해가 잘 됩니다!

이미 급등이 나왔거나 매수가 이상으로 올라간 종목은 재공략 대상입니다. 다시 관심만 가지고 매수 타점은 신중하게 가져야 합니다. 주가가 올랐다는 의미는 그만큼 매수자가 매도자보다 많았다는 의미입니다. 뒤늦게 매수하면 차익실현을 보는 투자자가 많을 수 있으므로 적절한 가격대인지 충분히 검토하고 주가 흐름을 확인할 필요가 있습니다. 성급하게 투자하면 잘될 일도 망칠 수 있습니다.

오른쪽 차트를 보면 두산퓨얼셀이 65,400원 고점 이후 우하향을 합니다. 이후 지지와 저항이 잡히는 장대양봉이 나와주었으니 이를 기록해둡니다. 그리고 저점 생명선이 나오고 박스권 움직임을 보이다가, 저항을 돌파하지 못하고 당시 공매도 영향으로 추가 이탈이 나옵니다. 이탈과 이탈2는 또다

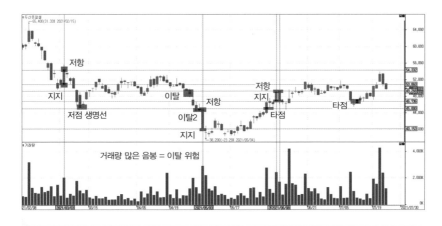

두산퓨얼셀 일봉 차트입니다. 지지라인에서 저점 매수를 놓쳤어도 충분히 타점을 잡을 수 있습니다

른 저항과 지지가 되어줍니다. 이후 장대음봉의 저점 구간이 또 다른 생명선, 지지선이 되고 바닥 눌림 이후 돌파 타점이 나와줍니다. 이때 재매수 타점을 바닥에서 놓쳤어도 저항을 돌파하는 양봉 거래가 나오면서 지지와 저항이 한 단계 올라간 모습을 볼 수 있습니다. 이때 지지라인이 종베 타점이 되고, 이후 두 번째로 나오는 타점이 스윙 타점이 되어줍니다. 그리고 저항을 돌파하면 매도 타점이고, 다음 저항을 돌파하지 못하고 지지라인까지 떨어지니 재매수를 또 계산해볼 수 있습니다.

직전 주가 데이터가 존재하고 상승, 하락 근거가 충분히 쌓여 있으므로 같은 방식으로 지지와 저항을 잡아서 매매 타점을 잡을 수 있습니다. 변수가 존재하므로 분할로 접근하는 것이고, 손절가도 고려해야 합니다. 재매수가 꼭 성공할 거란 보장도 없고, 투자하면 추가 손실을 피할 수 없게 됩니다. 주식은 항상 잃을 가능성이 존재하다는 사실을 기억해야 합니다.

아침 8시 57분에 화장실로 가는 사람들

국내 증시는 개장 직후에 가장 활발하게 움직입니다. 거래량을 비교해봐도 점심 이후보다 점심 이전이 더 많습니다. 단타와 종베 투자자가 많기 때문인데요, 전업 투자자들도 부담스러운 스케줄이며 직장을 다니거나 실시간 대응이 힘든 투자자들은 대응이 더욱 어렵습니다.

2020년 대세 상승장일 때 직장인들이 유행처럼 아침 8시 57분에 화장실에 집합한다는 말이 널리 퍼졌는데, 이들은 오전장 수익을 노리는 투자자들입니다. 좋은 투자 방식이고 정석으로 통하지만, 본업이 있는 투자자들은 따라 하기가 어렵습니다. 지금부터 시간 때문에 불안해하지 않고 즐겁게 투자할 수 있는 몇 가지 방법을 소개하겠습니다.

스탑로스 화면입니다. 증권사마다 디자인이 다릅니다. 조건을 설정해서 조건식 자동 주문을 설정할 수 있습니다

아침에 대응이 안 되고 실시간 대응이 어려운 투자자들은 위와 같은 스탑로스를 활용하면 좋습니다. 매수할 때마다 자동으로 적용할 수 있고, 종목마다 개별적으로 조건식을 지정할 수 있습니다. 지정한 조건에 충족하면 매매를 진행합니다. 스탑로스를 통해 매도 대응을 간편하게 할 수 있으므로 사용을 적극 권장합니다.

호가창을 보면 주가 옆에 수량이 있습니다. '매물대'라고 하는데 원하는 가격대에 매수와 매도를 걸어둘 수 있습니다. 49,500원에 매수하고 싶다면 매수를 걸어놓고 기다리며, 50,200원에 매도를 하고 싶다면 주문을 걸어두는 것입니다. 스탑로스와 같이 활용하면 좋겠지요.

참고로 매물대를 볼 때 유독 물량이 많은 구간이 있는데, 그곳이 호가 기준 강한 지지선, 강한 저항선 역할을 하며, 너무 과하게 있으면 누군가 의도적으로 매물대를 쌓아둔 것일 수도 있습니다. 이를 '허매물'이라고 하는데 거래가 진행될 때 그 많은 물량이 갑자기 사라질 때가 있습니다. 이때 체결 내역에 들어가서 정말 거래가 되어 빠진 것인지, 아니면 주문 취소로 빠진 것인지 확인해야 합니다. 체결이 안 되었는데 빠졌다면 큰손이 주문 취소를 한 것이고, 이후 윗매물에서 다시 보인다면 '저항, 허매물'로 추정할 수

6장 | 평생을 좌우하는 돈 버는 주식투자 습관　　189

336260	▼🔍 관🔔▼	신 두산퓨얼셀		KOSPI200

현재가		49,800 ▼	1,200 (	-2.35 %)
거래량(전일)		1,211,973 (	2,384,727	50.82 %)

전기.전자

증감	매도	15:59:53	전일%	매수	증감
	2,729	50,600	0.78	상한 ↑	66,300
	2,381	50,500	0.98		
	1,219	50,400	1.18		
	2,239	50,300	1.37		
	8,808	50,200	1.57		
	5,608	50,100	1.76		
	4,751	50,000	1.96		
	2,616	49,950	2.06		
	872	49,900	2.16		
	1,018	49,850	2.25	하한 ↓	35,700
정적VI(예상)		49,800	2.35	3,026	
VI기준	51,100	49,750	2.45	3,770	
상승VI	56,300	49,700	2.55	11,989	
하락VI	45,950	49,650	2.65	9,747	
		49,600	2.75	14,177	
		49,550	2.84	14,321	
		49,500	2.94	29,766	
		49,450	3.04	14,023	
		49,400	3.14	12,899	
기본	VI(예상)	49,350	3.24	1,616	
	32,241		83,093	115,334	
		시간외		1,642	10
방송		잔량체크		세력투시	

호가창에 매물을 걸어 매수·매도 주문을 걸어둘 수 있습니다

있으며, 그곳을 돌파하지 못하면 매도하고, 그곳을 돌파하면 매수 타점으로 잡거나 스캘핑으로 활용할 수도 있습니다. 기존 종목을 보유할 때 대응하기 위한 참고 자료로도 사용 가능합니다. 거래량이 많을 때 호가를 함께 봐야 하는 이유입니다.

저의 경우 필요할 때 개장 전날 종목들을 미리 관심 종목으로 지정해 다음 날 움직임을 관찰합니다. 단타를 하거나 매매 타점을 잡을 기업을 공략

종목명	현재가	전일종가	전일대비	등락률	매도호가	매수호가	고가	저가	거래량
버킷스튜디오	2,885	2,520 ▲	365	14.48	2,885	2,880	3,115	2,505	47,821,283
포스코인터내셔널	27,200	23,650 ▲	3,550	15.01	27,200	27,150	27,300	23,650	9,447,199
신성통상	3,620	3,245 ▲	375	11.56	3,620	3,615	3,650	3,240	17,989,021
노랑풍선	16,800	15,050 ▲	1,750	11.63	16,850	16,800	19,550	16,800	4,193,567
부국철강	8,430	7,460 ▲	970	13.00	8,430	8,420	8,780	7,490	22,260,761
일진머티리얼즈	83,900	83,400 ▲	500	0.60	83,900	83,800	85,700	82,700	392,812
대주전자재료	56,600	56,100 ▲	500	0.89	56,600	56,500	58,300	56,000	414,657
콤텍시스템	1,475	1,275 ▲	200	15.69	1,490	1,475	1,630	1,265	91,751,396
우리금융지주	11,200	11,650 ▼	450	-3.86	11,250	11,200	11,450	11,200	36,701,721
KT	34,700	34,900 ▼	200	-0.57	34,750	34,700	35,200	34,300	1,561,907
에스엠	63,500	62,600 ▲	900	1.44	63,500	63,400	64,200	61,400	458,594
iMBC	4,135	4,265 ▼	130	-3.05	4,150	4,135	4,225	4,125	274,774
IHQ	1,950	1,945 ▲	5	0.26	1,950	1,945	1,970	1,920	2,587,135
코아스	1,505	1,470 ▲	35	2.38	1,505	1,500	1,535	1,475	156,258
고려제약	11,500	11,450 ▲	50	0.44	11,500	11,450	11,550	11,400	33,579
나라엠앤디	10,350	10,400 ▼	50	-0.48	10,400	10,350	10,450	10,250	73,951
옴니시스템	3,305	3,280 ▲	25	0.76	3,310	3,305	3,375	3,210	11,259,054
KB메탈	2,860	2,920 ▼	60	-2.05	2,865	2,860	2,940	2,835	1,066,585
TCC스틸	6,650	6,240 ▲	410	6.57	6,650	6,640	6,660	6,240	2,039,139

전날에 집중공략할 종목 개수와 관심 종목을 미리 정하는 것도 좋습니다

하기 위함입니다. 위의 사진으론 종목을 꽉 채워서 보여드리지만, 실제로 할 때 감당 가능한 개수만큼 지정해 다음날 관찰하면 됩니다. 익절가와 손절가도 미리 정하고 분석을 끝마치면 더욱 좋습니다. 시초 매수로 수익을 보고 싶거나 단타나 스캘핑을 하고 싶거나 매매하고 싶은 종목의 타점을 노릴 때 적극적으로 활용하기 바랍니다.

주식은 준비된 자에게 수익을 주며, 언제든지 준비가 되어있어야 합니다. 국내 증시는 특히 격변이 많고 변수가 많아 엉뚱하게 움직일 때가 많습니다. 그래서 경험이 중요한 것이고, 부족한 경험을 메꿔주는 것은 공부입니다. 단순히 기계적으로 차트와 기업을 공부하는 게 아니라 투자는 투자자가 하는 것이니 자세하게 알아가는 과정이 중요합니다. 이 책이 생략이 많은 주식 시장에서 충분한 설명을 해주고 이해를 돕는 책으로 읽히면 상당히 기쁘겠습니다.

주식은 기다림의 미학입니다. 기다려야 하는 순간에는 기다릴 줄 알아야 한다는 이야기입니다. 무조건 기다리면 수익이 가능하고 좋은 투자를 할 수 있다는 게 절대로 아닙니다. 주식은 타점이 가장 중요한데, 매매를 하기에 앞서 살펴봐야 하는 부분들을 확인해야 합니다. 2부에서는 1부에서 다룬 내용과 추가적인 기법들을 사용해서 특정 종목을 공략하는 과정으로 넘어가겠습니다. 즉 실전 매매편이 되겠습니다.

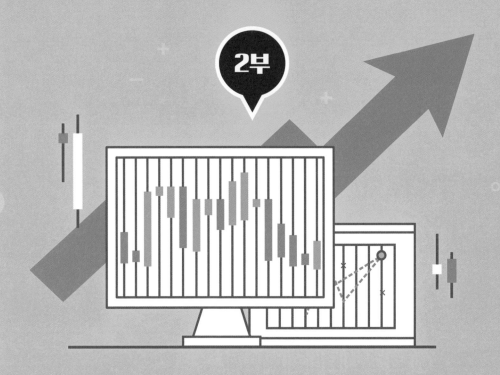

2부

주식은
기다림의 미학임을
명심하자

1장

기술적으로
분석하기,
이렇게 하면 된다

차트 분석은 주가 분석과 동일합니다. 과거부터 현재까지 데이터를 종합적으로 검토하고 상대적으로 확률이 높은 방향으로 분석하는 것이 기술적 분석입니다. 그러려면 분석 대상의 주가 역사와 공시, 이슈 등을 봐야 하고, 이를 통한 주가 반영이 어떻게 얼마나 되었는지도 알아봐야 합니다. 주식은 기본적으로 선반영일 때가 많고 수급 분석이 가장 중요합니다. 1장에서는 이에 관한 내용을 정리했습니다.

일봉, 주봉, 월봉부터 제일 먼저 분석하라

저자 직강 동영상 강의로 이해 쏙쏙!
QR코드를 스캔해서 동영상 강의를 보시고
이 칼럼을 읽으면 훨씬 이해가 잘 됩니다!

투자하기 전에 가장 먼저 확인해야 하는 것 중 하나가 '시세'입니다. 투자하기에 적당한 구간을 확인하려면 제일 먼저 일봉, 주봉, 월봉의 박스권을 분석해야 합니다. 참고로 시기에 따라 박스권이 다르므로 지난 3년간의 저점과 고점도 확인하면 좋습니다. 신규 상장이 되어 데이터가 부족하더라도 최소 1년 전 주가의 저점과 고점을 확인해야 합니다. 그리고 대세 하락의 가능성까지 확인한 후에 기업 가치 분석과 투자 가치 분석에 들어갑니다. 스윙 이상의 투자를 하기 위해선 반드시 거쳐야 하는 과정입니다. 3개월 이상, 길게는 1년 이상도 투자할 수 있기 때문입니다.

또한 반복 재공략을 할 가능성이 있기 때문에 분석을 확실하게 해놓고 진입하는 게 좋습니다. 여기에서 말하는 '반복 재공략'이란 박스권의 저점과 고점을 계산해 익절과 재매수를 반복하는 투자를 의미합니다. 스윙, 장기투자를 할 때 보유 비중을 분할로 매매해 수익을 모아가는 방식입니다.

한 번 매수하고 가만히 있는 것은 투자가 아닌 방치입니다. 기업이 좋거나 운이 좋았거나 시장이 상승장이라면 수익을 보기 쉽지만, 국내 증시는 그런 경우가 하락장에 비해 현저히 적기 때문에 주의가 필요합니다. 분위기가 좋았던 2020~2021년 증시로 일반화해선 안 됩니다. 지금의 우리는 2022년부터 시작될 힘든 시장에 대비해야 합니다. 잘 이겨내려면 기초가 중요하고, 공부를 게을리해선 안 됩니다.

거래량이 늘어나며 반등할 때가 중요합니다. 양봉으로 상승하면 목표가까지 상승을 노려볼 수 있습니다. 한화에어로스페이스는 2021년도에 반등에 성공했고, 2019년까지 타점이 나왔습니다. 장기 타점을 본다면 움직임이

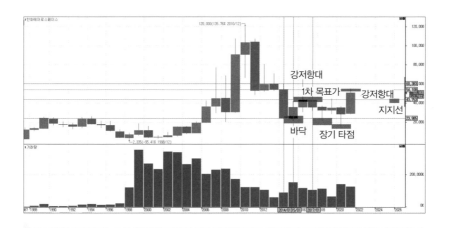

한화에어로스페이스 년봉 차트입니다. 바닥과 강저항대를 확인하고 중간 저항선이 추세선 역할을 하며 반등 시 1차 목표가로 설정할 수 있습니다. 돌파 시 다음 저항대가 2차 목표가 입니다

빠르진 않지만 꾸준한 패턴이 있고 바닥 지지가 되었습니다.

기업의 밝은 전망이 있고 수혜를 받을 수 있는 기업을 발굴해야 합니다. 한화에어로스페이스는 우주 관련 섹터로 2020년부터 위성 발사 등 수혜 뉴스가 나오기 시작했습니다. 2021년도에는 본격적으로 우주 산업의 발전, 미국의 스페이스X 이슈, 한미 정상회담 미사일 지침 폐지 등 겹경사가 나오면서 주가가 급등했습니다. 물론 이러한 뉴스들을 몇 년 전부터 예측하는 것은 어렵지만, 향후 우주 산업 발전의 관심도가 올라갈 것이란 기대감은 과거부터 꾸준히 나왔다는 사실을 알 수 있습니다.

장기투자를 한다면 이렇게 지난 차트를 기술적으로 분석해 목표가와 바닥의 거리를 보고 타점을 잡을 수 있습니다. 단기나 스윙, 중기 타점은 이후에 일봉, 주봉, 월봉으로 분석해서 잡습니다.

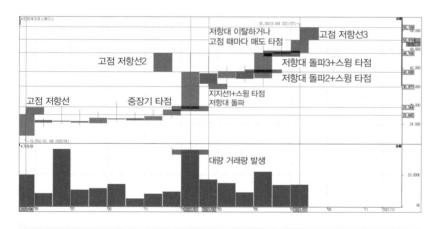

한화에어로스페이스 월봉 차트부터 보겠습니다. 이후 주봉과 일봉을 차례대로 보며 분석을 진행합니다. 저항대를 돌파할 때가 가장 중요한 순간입니다

신규 상장주라면 1년 이내의 데이터가 쌓이고 나서 투자하는 것이 가장 안전합니다. 코로나19 이후 시장을 보려면 2020년 4월부터의 신규 데이터를 보면 됩니다. 그 이전은 2019년도부터의 주가를 보면 됩니다.

앞의 한화에어로스페이스 월봉 차트를 보면 고점 저항선 밑에서 지속적으로 하방 지지가 되는 모습이 나옵니다. 중장기 타점으로 적절한 박스권이 되고 있습니다. 이후 저항대를 돌파하는데 이때가 종베, 스윙 타점이 되며 대량 거래량이 발생합니다. 새로운 시세가 되었고 신규 박스권에 진입한 모습입니다. 이후 목표가는 년봉을 보면서 조절할 수 있습니다.

이후 고점 저항선2 구간에서 차익실현이 나오고 새로운 지지선이 다시 나오면서 재매수 타점이 나와줍니다. 2021년 스윙 타점으로 저항대 돌파하는 양봉 상승이 나올 때마다 신규 타점이 나와줍니다. 물론 이때는 손절가를 제대로 정하고 진입해야 안전합니다. 수익 실현 이후 먹튀가 나와 우하향을 할 수도 있기 때문입니다.

2021년 7월은 고점 저항선3에서 매도세가 나왔고, 이후 새로운 지지선과 저항선이 나왔으며 아직 타점은 나오지 않은 상태입니다. 이제 2021년 8월, 9월 시세를 보며 같은 패턴으로 타점을 잡고 이탈이 나오면 비중을 줄이는 분할 매도를 하거나 손절가를 정하고 재공략을 할 수 있습니다.

이렇게 매도를 한 종목이어도 지속적으로 추세를 보고, 장기 전망이 좋은 기업이라면 반복 공략을 통해 수익률을 올릴 수 있습니다. 여기서 중요한 점은 음봉 때 거래량이 적고 양봉 때 거래량이 증가하면서 눌림 이후 우상향이 나오는 패턴이 있을수록 좋다는 것입니다.

한화에어로스페이스 주봉 차트입니다. 스윙, 중기 타점을 더욱 명확하게 잡을 수 있으며, 거래량 차이를 확인할 수 있습니다

　　위의 차트를 보면 지수 영향을 꽤 받는 기업임을 알 수 있습니다. 2019년 주가를 회복하는 게 첫 번째 목표가였고 코로나19 이후 대량 거래량이 나오고 박스권이 나온 구간이 스윙, 중기 타점입니다. 저항선이었던 곳이 지지선으로 바뀌고, 그 밑으로 더 하락하지 않는 모습을 볼 수 있습니다.

　　거의 반년 넘게 눌림이 진행되고 2021년이 되면서 강한 돌파가 나와줍니다. 강저항대를 장대양봉으로 돌파하고 대량 거래량이 나오는 모습입니다. 이때 거래량 차이에 주목해야 합니다. 주목을 잘 받지 않던 기업에 강한 수급이 들어온 사실을 알 수 있고 이때도 종베, 스윙 타점으로 적합합니다. 이후에 추세선이 새로운 생명선이 되고 시지를 해주자 스윙 타점2가 되며 재돌파가 나오지만 거래량이 조금 덜 나온 모습, 강저항대2를 돌파하며 매도세가 증가하는 부분입니다.

이후 다시 눌림이 나오며 새로운 패턴을 만들어가면서 박스권 눌림이 나와줄 때, 지지2를 지지해주면서 유지되는지 아니면 더 높은 주가에서 지지선과 저항선이 만들어지는지 보고 스윙 타점3을 새로이 잡아볼 수 있습니다. 즉 현재 차트상으론 관찰 대상이 되는 것입니다. 주봉으로 보면 충분히 타점 기회가 있었으며 돌파 상승의 구조가 어떻게 되는지 공부할 수 있습니다. 주식은 패턴이 존재하고 회귀하는 성질을 가지는데, 어디까지 회귀하고 돌파 패턴이 나오는지 파악하면 해당 지지 지점이 스윙 타점이 되는 것입니다.

년봉은 필요시 목표가 설정을 위해 지난 데이터를 분석하려 보는 것이고, 매매 타점을 잡으려면 일봉, 주봉, 월봉부터 분석하고 들어가야 합니다. 월봉과 주봉보다 더 자세하게 분석하고 타점을 가깝게 잡을 수 있는 것이 일봉 차트입니다.

한화에어로스페이스 일봉 차트입니다. 주봉이나 월봉과 달리 종베, 스윙 타점을 더욱 가깝게 잡을 수 있습니다

2021년 3월 11일 장대양봉이 나오고 거래량은 준수했습니다. 매도보다 매수가 많았다는 것을 알 수 있고, 이후 박스권이 이어지다가 저항대 돌파가 나오지 못하고 하락합니다. 이후 3월 11일 지지 구간까지 하락하는데 이때 봐야 할 것은 거래량입니다. 평균이거나 평균 이하의 거래량으로 하락한 모습이고, 밑꼬리 음봉으로 오히려 저점 매수가 나온 모습입니다.

이후 다시 장대양봉이 나오고 2거래일 이전 하락세를 모두 극복하고 상승한 모습입니다. 해당 구간이 스윙 타점으로 적절합니다. 추가 하락하면 지지선, 생명선을 새로이 잡고 추가 매수를 하면 되기 때문입니다. 이후 돌파 타점이 나오는데 이때도 종베, 스윙 타점으로 적합합니다. 일봉 차트 기준 대량 일일 거래량에 장대양봉이 나오는데, 긍정적인 수급이 들어온 것으로 해석하고 관심 종목으로 선정하는 것입니다. 보유중이라면 저항선을 고려하고 목표가를 비교해가며 여유롭게 매도 타점을 잡으면 됩니다.

관심 종목으로 해놓고 이제 봐야 할 것은 거래량의 변화와 주가 패턴입니다. 강저항대 구간에서 평균 이상의 거래량이 나오고, 윗꼬리 양봉이 나오는 모습입니다. 이후 주가가 떨어지는데 수익 실현을 하는 매도자가 증가한 모습이지만 과거에 나온 거래량에 비교하면 많지 않고, 주가 역시 크게 떨어지지 않으므로 지속 관찰할 수 있는 상황입니다. 예전에 매수한 사람들이 다 팔지 않고 대부분 보유중이라는 사실을 알 수 있으며, 대량 거래량이 나올 때 단타·스캘핑 투자자들도 포함해야 하므로 감안하는 것입니다.

이후 지지선을 여러 번 지켜주며 평균 거래량이 나와주는데 이때를 박스권 눌림으로 분식하고, 1차 스윙 타점으로 잡고 추가 하락하면 다음 지지선이나 생명선에서 2차 스윙 타점을 잡는 것입니다. 단, 대량 거래량이 발생하거나 거래량이 증가하면서 음봉이 많아지고 우하향 패턴이 나오면 비중을 대폭 축소하거나 손절해야 합니다. 스윙이라고 해서 무조건 길게 가져가면 안 되고 주가 움직임에 맞추어야 합니다.

개미털기냐, 설거지냐 하는 구분도 이때 하는 것입니다. 재차 돌파 타점이 나오고 신고가 갱신을 하며 시세가 상승, 강저항대2 패턴을 확인하고 다시 매도자가 늘어난 모습입니다. 지지선2에서 눌림 대기가 나오고 있듯이 현재는 지지선2를 지속적으로 지켜주느냐 이탈하느냐를 평균 거래량에 따른 주가 움직임을 보며 관찰할 시기입니다. 참고로 한화에어로스페이스는 지수 영향도 받는 편이니 코스피·코스닥 지수 움직임도 분석하면 좋습니다.

종목에 따라 필요한 분석은 모두 하는 것이 좋습니다. 주식투자는 돈을 벌기 위함이고 쉽게 돈 벌 수 있는 일이 아니기 때문입니다.

주식은 기본적으로 선반영이다

주가가 상승하고 하락할 때 대부분 선반영으로 움직입니다. 즉 시세가 움직였다면 선반영이 무엇이 있는지 먼저 확인하고, 이후에 후반영, 재료 노출의 여부를 봅니다. 어떤 기대감, 이슈가 있을지 생각해야 합니다.

주식투자를 할 때 기본적으로 선반영이라고 판단해야 투자 승률이 올라갑니다. 그래야 진입할 때 섣불리 하지 않고 한 번 더 생각할 수 있기 때문입니다. 우리들의 투자 실수는 대부분 섣부른 매매에서 시작됩니다. 선반영이라고 생각하는 것은 뇌동매매를 예방할 수 있는 좋은 투자 습관입니다.

SK바이오팜 상장 이슈에 SK에 수급이 들어왔습니다. 다음 페이지의 SK바이오팜 차트를 봅시다. SK바이오팜은 2020년 7월 2일에 상장했고, 한 달 전인 2020년 6월 1일, 그 전 5월 초부터 주가가 상승하는 모습입니다. SK바

SK바이오팜 상장 기대감
선반영 주가 상승

상장 이전 선반영으로 주가 상승
이후 고점 찍고 하락… 블록딜로 급락

SK 주봉 차트입니다. SK바이오팜이 2020년 7월 2일에 상장했고 그전에 선반영으로 가격이 상승한 모습입니다

이오팜 상장 기대감에 SK 시세가 선반영으로 주가가 상승했고, 고점 상승 이후 블록딜이 나오면서 주가가 급락한 모습입니다. 블록딜에서 설거지가 나오기도 했습니다. 6월 초에 비해 6월 중순부터 거래량이 크게 상승했으나 주가가 상승하지 못하고 우하향을 하는데, 이때는 진입하면 안 되고 매매하고 싶다면 단타로만 접근해야 합니다. 그리고 5월 시세까지 회귀하는 모습입니다. 재료 선반영의 대표적인 모습입니다.

저점과 고점일 때
뉴스와 공시를 체크하라

저자 직강 동영상 강의로 이해 쑥쑥!
QR코드를 스캔해서 동영상 강의를 보시고
이 칼럼을 읽으면 훨씬 이해가 잘 됩니다!

주식에서 저점과 고점을 확인하는 일은 매우 중요합니다. 저점 밑으로 주가가 더 하락할 가능성이 있는지, 고점 위로 상승할 수 있는지 가능성을 분석하는 일입니다. 투자에서 피해야 하는 판단은 저점과 고점을 맞추는 일입니다. 지난 데이터 속 패턴들을 분석해놓고, 결과적으로 저점 이탈이 되었을 때와 고점 돌파를 했을 때를 대비한 시나리오를 만들어두어야 합니다. 확신을 피하고, 예상과 대비 전략으로 위기관리를 하는 것입니다.

장대양봉이 보일 때마다 지지선과 저항선을 사진처럼 그려둡니다. 이후 지지선과 저항선이 주가의 변화에 따라 몇 번 뒤바뀌고 지켜지는지 확인합니다. 이를 통해 자연스럽게 저점과 고점을 확인할 수 있습니다.

2020년 중순에는 SK바이오팜 상장 기대감과 지수 상승으로 주가가 상승

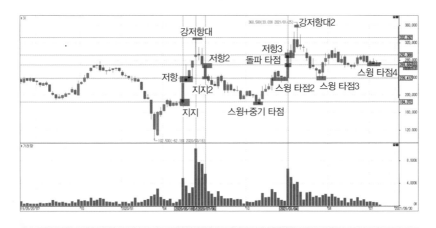

SK 주봉 차트입니다. 저점과 고점일 때 어떤 일이 있었는지 확인한 후에, 적정 매수가와 매도가를 생각하고서 진입해야 합니다

했습니다. 이후 재료 소멸이 되면서 장대양봉 때 잡았던 지지선까지 주가가 추락하는 모습이 보이는데, 저점으로 체크해두었던 부분이므로 스윙, 중기 타점이 되어줍니다. 더 하락하면 코로나19 때까지 시세가 떨어진다는 것인데, 지수 흐름이나 기업의 규모와 맞지 않으며 저평가 우량주가 되므로 투자하기에 더욱 좋아집니다.

이후 양봉이 나오며 우상향을 하는데 지지2까지 다시 올라오는 모습입니다. 이곳을 지켜주는 모습이 나오고 지수가 상승세였기에 스윙 타점2가 되어줍니다.

이제 SK바이오팜 상장 기대감에 상승했었던 고점 구간이 강저항대이며 목표가가 됩니다. 그때까지 익절은 여유롭게 잡을 수 있고, 앞에서 배운 내용을 활용하면 얼마든지 좋은 투자를 할 수 있습니다. 손절가는 지지2 이탈

시 비중 축소하거나 손절하고 신규 타점을 잡거나 추가 매수 타점을 잡으면 되는 것입니다. 이전 강저항대2를 돌파하고 신규 강저항대3이 나와주었고 이곳이 목표가로 바뀝니다. 재차 하락하고 스윙 타점2 구간까지 다시 내려오지만, 저점으로 확인되었습니다. 스윙 타점3이 되고 저항2를 돌파하면 돌파 타점이 된다는 사실을 또 알 수 있습니다. 돌파에 대비한 시나리오를 이때 써먹을 수 있는데 종베 식으로 추가 매수하거나 익절해서 수익률을 올리는 방법도 있습니다. 투자 스타일에 따라 결정하면 됩니다.

이러한 분석을 통해 저점과 고점 당시의 상황들을 확인하고 신규 저점, 신규 고점을 계속 잡아가는 연습을 해야 합니다. SK 역시 지수 영향을 받고 기업 가치에 따라 주가가 움직이므로 공시를 기록할 필요가 있습니다. 실적도 좋은 힌트가 되어줍니다. 2021년 7월에는 다시 조정에 눌림이고 스윙 타점4이 나오는 모습입니다. 거래량도 잊지 말고 습관처럼 보길 바랍니다.

개미털기와
설거지의 차이를 알자

　'개미털기'는 실전 투자에서 흔히 볼 수 있는 기법입니다. 개인 투자자들의 매도를 유도하고 그 물량을 흡수해 비중을 확대하려는 전략입니다. 한 번에 큰 물량을 일괄 매도해 주가를 하락시켜 공포 심리를 확산합니다. 이후에 일괄 매수로 다시 상승하고, 개인 투자자가 다시 붙기 쉽지 않게 환경을 만듭니다. 매도하지 않고 가지고 있었으면 더 큰 수익을 볼 수 있지만, 개미털기에 속아 아쉬운 투자를 하게 됩니다.

　개미털기와 설거지의 구분이 어려운 이유는 변수가 많고, 거래량과 이슈가 참고자료이기 때문에 틀릴 가능성이 꽤 높기 때문입니다. 이는 분석 중에서도 고급 기술에 속합니다. 또한 큰손도 손실을 보고 자금이 묶일 수 있기에 100% 믿을 수 있는 주체도 아닙니다. 항상 세력이나 큰손들은 종목 공략에 성공하고 수익을 본다고 생각할 수 있지만, 그들도 손해를 볼 때가 많습니다.

개미털기와 설거지의 차이는 투자 심리와 거래량으로 크게 구분해 분석할 수 있습니다. 장대양봉이 나오고 설거지가 나오면서 이탈이 나온 모습인데 이때 거래량이 평균, 평균 이상이 나오는 모습입니다. 이탈 이후 저점 매수가 나오고 설거지가 나왔던 구간에서 돌파 상승이 나와줍니다. 이후 대량 거래량이 또 나오고, 긴 장대양봉이 나오면서 시세가 한층 올라가는데, 직전 거래량들에 비해 적은 거래량이 나오고 음봉이 나옵니다. 하지만 지지선을 지켜주는 모습입니다. 해당 구간을 개미털기로 봅니다. 매도를 유도하고 아래에서 더 매수해 물량을 늘림으로써 시세를 더 크게 보려는 계획입니다. 즉 더 많은 물량을 모아서 비싸게 팔려는 전략입니다.

아래 SK 일봉 차트를 보면 개미털기, 설거지 구간에서의 거래량이 확실히 다르다는 것을 알 수 있습니다. 양봉 상승에 비해 거래량이 줄어들었고

한화에어로스페이스 일봉 차트입니다. 설거지, 이탈, 돌파, 개미털기가 나온 모습입니다

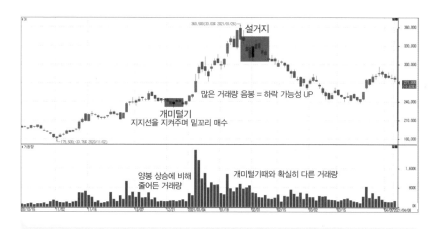

SK 일봉 차트입니다. 개미털기 이후 우상향하고, 설거지가 나오면서 우하향하는 모습입니다

지지선을 지켜줍니다. 그리고 직전 고점을 돌파하고 저항선 위로 상승하면서 대량 거래량에 장대양봉이 나와줍니다. 개미털기 구간에서 매도한 사람들은 기회를 놓치는 것인데, 고수들은 돌파 상승 때 재공략합니다.

이후 2021년 1월 말, 2월 초에 고점을 갱신하고 설거지가 나옵니다. 거래량이 많은데 매도자가 그만큼 많다는 의미입니다. 이제 주가가 더 올라가려면 매수자가 더 많아져야 하는데 고점 이후 돌파가 어려운 모습입니다. 이후 지지선 이탈하고 거래량이 줄어들면서 우하향하는 모습을 볼 수 있습니다.

기본적으로 주식은 꾸준한 매수자가 부족하면 매도세가 늘어나고 고점 직후라면 익절을 보려 하거나 손실을 줄이기 위해 빠른 매도를 하므로 우하향이 나오기 쉽습니다. 단타, 스캘핑으로 들어온 투자자들도 적지 않아 변수가 많아지는 시기입니다. 개미털기의 목적이 개미들의 매도를 유도하고 그 물량을 흡수해 시세가 상승했을 때 수익률을 올리기 위한 것이라면,

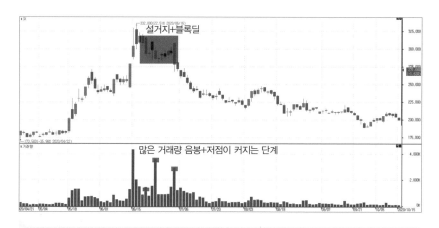

SK 일봉 차트입니다. 블록딜이 나오고 설거지가 함께 나온 모습입니다. 가장 대표적인 차트입니다

설거지의 목적은 보유한 물량을 개미들에게 천천히 넘기며 매수를 유도해서 주가를 정체시키고 좋은 가격대에 지속 매도해 높은 수익률을 유지하려는 것입니다. 설거지 구간에서 매수하면 고통 받을 수 있으므로 대단히 주의해야 하며, 초보 투자자에게 고점 매수를 하지 말라고 하는 이유이기도 합니다. 개미털기와 설거지 구분은 변수가 많아 어려운 수준에 속합니다.

위의 SK 일봉 차트는 블록딜로 대량 물량이 다른 투자자들에게 흡수되었고 설거지가 함께 나온 차트입니다. 대량 거래량이 유지되면서 평균 이상의 거래량이 계속 나오고 있습니다. 단타, 스캘핑도 아주 많이 나온다는 사실을 알 수 있습니다. 고점에서 주가가 정체하고 음봉이 더 많으며 지지선과 저항선의 간격이 넓어지고, 그러면서도 많은 거래량이 유지되면 우하향 전조로 해석하고 주의 매매를 해야 합니다. 이와 유사한 패턴이 보이면 진입하지 않거나 매도하고 재공략을 준비하거나 다른 종목으로 눈길을 돌리기 바랍니다.

차익실현과
먹튀의 차이를 알자

저자 직강 동영상 강의로 이해 쑥쑥!
QR코드를 스캔해서 동영상 강의를 보시고
이 칼럼을 읽으면 훨씬 이해가 잘 됩니다!

보유하고 있는 종목에서 음봉이나 장대음봉이 나왔다고 해서 무조건 먹튀인 것은 아닙니다. 먹튀가 아니라 일부 차익실현이 된 것으로 판단할 수도 있습니다.

차익실현과 먹튀의 큰 차이는 물량에 있습니다. '먹튀'란 세력이나 큰손 등 물량을 많이 보유하고 있던 투자자들의 매도세를 의미합니다. 먹튀가 나오면 주가 회복이 어려울 수 있고, 우하향의 전조가 되기도 합니다. 하지만 차익실현은 적은 물량의 매도세이므로 주가 하락과 보유하고 있는 종목에서 별개로 추가 상승 및 회복의 가능성을 높게 판단합니다.

다음의 한화에어로스페이스 차트를 보면 대량 거래량의 장대양봉이 3회 이상 나온 모습을 볼 수 있습니다. 즉 꾸준히 매수자가 있다는 의미이고, 주

차익실현의 가장 큰 특징은 상승할 때 거래량에 비해 적고 지지선을 지켜준다는 것입니다

가가 올라도 매도자보다 많다는 의미입니다. 이후 장대음봉이 나왔지만, 직전 장대양봉이나 과거 차트와 비교해봐도 적은 거래량에 지지선을 지켜주고 있는 모습입니다. 주가가 크게 올랐으니 매도세가 커졌지만, 다른 투자자들은 아직 시세를 더 보려는 심리가 있다는 걸 확인할 수 있습니다.

이후 설거지가 나오는 패턴도 없고 눌림패턴이 만들어지는 모습입니다. 4차 분할 매수를 고려하면 오히려 진입해도 되는 구간입니다. 단, 차트나 거래량만 보고 판단해선 안 되고, 기업 가치와 전망도 함께 분석해야 합니다. 복합적인 분석이 필요한 순간이 있으므로 한 가지 분석 방법에만 의존하면 함정에 빠질 수 있습니다.

차익실현과 먹튀의 차이는 거래량과 지지선 이탈에 있습니다. 대량 거래량이 발생하고 장대음봉이 나오면 먹튀로 간주하고 일단 매도 후에 대피해야 합니다. 이후 재정비해서 다시 분석하거나 다른 종목에 투자합니다.

먹튀

먹튀의 큰 특징은 장대음봉인 상태로 대량 거래량이 발생한다는 사실입니다. 지지선을 이탈하는 모습 또한 특징입니다

위의 아모레퍼시픽 차트를 보면 코로나19 델타 바이러스 확산이 거세지자 화장품 섹터 자체에 조정이 나왔습니다. 재료는 실적 기대감과 중국 한한령 해제 기대감이었습니다. 고점 이후 반등이 미처 나오지 못한 상태에서 장대음봉이 나왔기 때문에 빨리 매도할수록 좋으며, 매도를 놓쳤다면 바닥에서 추가 매수를 봐주어야 합니다. 지금은 바닥이 어디인지 체크가 안 되었기 때문에 지난 데이터에 의존하며 어디 지지선에서 눌림이 나와주는지 기다려야 합니다. 한 번 먹튀가 나오고 주가 회복이 늦어지게 되면 굉장히 많이 하락할 수 있기 때문에 특별히 조심해야 합니다.

기회는 늘 주어지니
조급한 매매는 금물이다

초보 투자자들은 항상 조급하게 매매해서 기회를 놓칩니다. 주식을 하면 무수히 많은 기회를 경험하는데, 초보 투자자들은 실제로 그런 기회들을 잡는 경우가 좀처럼 없습니다. 침착하지 못하고 급하게 매매하기에 생기는 결과입니다. 우스갯소리로 한국인들은 성질이 급해 투자 수익률이 낮다는 말이 있습니다. 그만큼 주식투자에서 중요하게 다루는 것이 '침착한 마음'입니다. 급할수록 돌아가고 차분하게 투자하라는 의미입니다.

투자 기회는 항상 돌아옵니다. 주식은 회귀하는 성질이 있고 파동이 존재하며 주가 패턴이 있기 때문입니다. 그런 부분들을 분석하고 기다림의 미학으로 타점을 잡는 것입니다. 다양한 방법들을 살펴보겠습니다.

아모레퍼시픽 일봉 차트로, 황봉 잡기 타점입니다. 색칠한 곳이 매수 타점입니다

기회를 잡는 방법 중 반등 추세를 매수 타점으로 잡는 방식이 있습니다. 일명 '황봉 잡기'라 불리는 것인데요, 제가 만들고 실전 투자에서 70% 이상 승률 데이터를 쌓은 투자 기법입니다. 황봉 잡기의 특징은 저점 눌림 이후 반등 도중 매수 타점을 잡아 돌파 상승 전망을 보는 방식입니다.

타점 잡는 방법은, 하락 이후 기술적 반등이 나오고 그 이후 양봉이 한 번 더 나왔을 때 세 번째 봉이 타점입니다. 하락 때는 양봉이든 음봉이든 상관 없으나 음봉이면 더욱 좋고, 기술적 반등은 양봉이어야 합니다. 위의 차트 에서 색칠한 구간 전후를 비교해가며 보면 이해하기 쉽습니다.

기술적 반등이란 주가가 하락하다가 잠시 상승이 나오는 부분을 의미합 니다. 원리는 이렇습니다. 주가의 등락이 있을 때 상승하는 과정에서 양봉 이 2개 연속으로 나오는 곳을 황봉으로 잡는데, 횡보하거나 상승할 때 잡으 면 위험하므로 하락에서 반등하는 과정에서 잡는 방식입니다.

아진산업 일봉 차트입니다. 색칠한 곳이 황봉 타점으로 저점에서 두 번 연속 양봉 상승했을 때를 매수 타점으로 잡습니다

아진산업 황봉 타점과 다중바닥 반등 잡기입니다. 황봉부터 설명하자면 단순히 하락에서 반등 전환을 했다고 매수하는 게 아니라 두 번 연속 양봉이 나온 지점을 잡는 것입니다. 즉 3개의 봉이 있고 시세가 2,100원, 2,150원, 2,180원이라고 가정하면 2,100원을 저점봉으로 잡지만, 양봉이든 음봉이든 상관없고 2,150원이 양봉이어야 합니다. 이를 기술적 반등으로 봅니다. 하루 더 보는 이유는 다시 2,100원으로 떨어지거나 음봉이 나오거나 시세 이탈의 가능성이 있기 때문입니다.

이후 2,180원으로 상승하는데, 이때 양봉이면 해당 지점을 1차 매수 타점으로 잡는 것입니다. 반등의 시작점으로 계산하는 것입니다. 승률은 70% 정도로 증시가 상승장이거나 분위기가 좋으면 80% 이상까지도 올라가는 기법입니다. 또한 이 방법은 고점일 때는 쓰지 않습니다. 돌파가 아니라 반등 직전을 잡는 것이고 '주가는 회귀한다'는 성질을 응용해 다시 고점으로 가려는 타이밍을 잡는 타점입니다. 종베로 활용하면 단기 수익을 목표로 할 수 있습니다. 관심 있는 종목의 차트를 열고 황봉 잡기를 한 번 해보면 좋을 것 같습니다. 2거래일 연속 주가가 상승할 때 2개의 봉이 모두 양봉일 때 잡는다고 이해하면 쉽습니다(단, 주가가 고점이 아닌 상태에서). 지지선을 지지해주고 있을 때 더 안전합니다. 하나의 타점 잡기로 응용하면 좋습니다.

이후 다중바닥 잡기는 2,270원 근처를 반복 지지하는 것을 볼 수 있고, 그곳을 단기 바닥으로 해석할 수 있습니다. 이때 스윙 타점으로 잡는 방식입니다. 앞서 배운 지지선과 저항선을 잡고 저항 돌파까지 대입하면 다중바닥 잡기 역시 금방 눈에 보입니다.

대량 거래량으로 장대양봉이 나왔을 때 최고의 기회를 잡을 수 있습니다. 직전 저항을 돌파하는 양봉 때 타점을 잡아볼 수도 있습니다. 아래 차트

에넥스 주봉 차트입니다. 장대양봉 지지 저항을 보고 직전 저항을 돌파하는 양봉 때 타점을 잡는 방식입니다

의 색칠한 곳이 장대양봉의 지지와 저항입니다. 큰 시세의 양봉이 한 번 나오면 지지와 저항을 잡고 지지해주면서 저항을 돌파하면 그때가 종베 혹은 스윙 타점이므로 들어갑니다.

에넥스를 보면 저항을 계속 돌파하고 대량 거래량의 장대양봉이 지속 나오는 모습을 볼 수 있고 우상향을 합니다. 이탈이 나오기 전까지 반복 매매로 수익을 볼 수 있는 차트입니다. 여기서 말하는 이탈이란, 대량 거래량의 장대음봉이 나오거나 지지선을 이탈하는 모습입니다.

에넥스는 마치 우하향을 할 것처럼 보이지만 거래량을 보면 아직 기대감이 남아 있는 모습이며, 지지선 역시 지지해주는 모습입니다. 개미털기 과정을 거치고 눌림 이후 다시 상승 반전이 나올 가능성이 큽니다. 다시 저항 돌파하거나 상승 반전 때 거래량을 봐야 합니다. 거래량이 많고 양봉에 상승 추세면 더 큰 시세를 노려보는 것이고, 그게 아니라면 비중을 축소하며 눈치를 봐주어야 합니다. 이미 충분히 시세가 많이 오른 종목이므로 대응의 차이가 있는 것입니다. 여러분들이 큰 시세를 놓쳤던 종목들을 같이 보면 더욱 좋습니다.

추세선 눌림을 잡았다면 타점을 분석하기가 더욱 쉬워집니다. 추세선이란 지지선과 저항선이 자주 부딪히는 구간을 의미합니다. 즉 전환이 자주 되었던 구간입니다. 지지에서 저항이 되고 저항이 지지에서 되었던 전례가 많거나 많을 수 있는 구간을 보통 추세선으로 잡습니다.

추세선 이상으로 주가가 오르면 박스권 상방으로, 미만은 박스권 하방으로 보기도 하고, 추세선과 저항선 사이를 박스권으로 계산합니다. 용어는 쓰기 나름이고 어떻게 구간을 분석하느냐가 중요합니다. 추세선은 바닥을 의미하며, 바닥이 될 가능성이 높은 구간이 후보입니다.

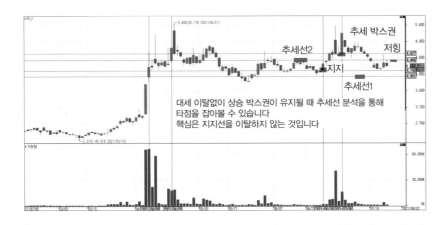

벽산 일봉 차트입니다. 추세선을 크게 잡아 전후를 박스권으로 보고 지지와 저항을 세부적으로 잡고 매매 타점을 잡는 모습입니다

위의 벽산 차트를 보면 장대양봉에 급상승한 이후 지지와 저항이 만들어졌고, 이후 해당 지지선 밑으로 하락하지 않고 반등 나온 결과를 확인할 수 있습니다. 그렇게 될 가능성이 크다고 판단하고 추세선1로 잡는 것인데, 이때도 거래량이 많은 상태에서 하락하는지, 먹튀나 설거지 정황이 있는지 횟수를 계산하고 잡는 것입니다. 앞서 1부에서 배운 내용이 나오는 모습입니다. 사용 가능한 기법과 분석 방식은 모두 활용해야 합니다.

이후 추세선2가 한 번 더 잡히고, 앞의 지지선을 지지해주고 추세선을 돌파하는 양봉이 나와줍니다. 저항 돌파로 볼 수 있습니다. 그렇다면 그곳이 또 종베, 스윙 타점이고 시세 돌파 타점이 되는 것입니다. 추세 박스권 패턴이 2개가 잡혔으니 벽산은 향후 지지와 저항이 어디서 잡히고 거래량이 어떻게 변하는지를 분석해 타점을 잡을 수 있습니다. 지금 차트에선 지지선이

나 추세선1을 이탈하지 않고 눌림이 나와주면 다음 돌파 타점 때 또 기회가 오거나 박스권 눌림에서 스윙 타점을 잡을 수 있겠습니다.

섣불리 매매하지 않고 지난 데이터와 향후 쌓이는 데이터들을 충분히 분석하고 진입 시점을 잡아야 합니다. 그리고 손절가를 정하고 추가 매수 계획이 있다면 어느 지점, 어떤 패턴일 때 판단할지 기준을 정해야 합니다. 주식투자를 할 땐 항상 계획적으로 해야 한다는 생각을 습관화하길 바랍니다.

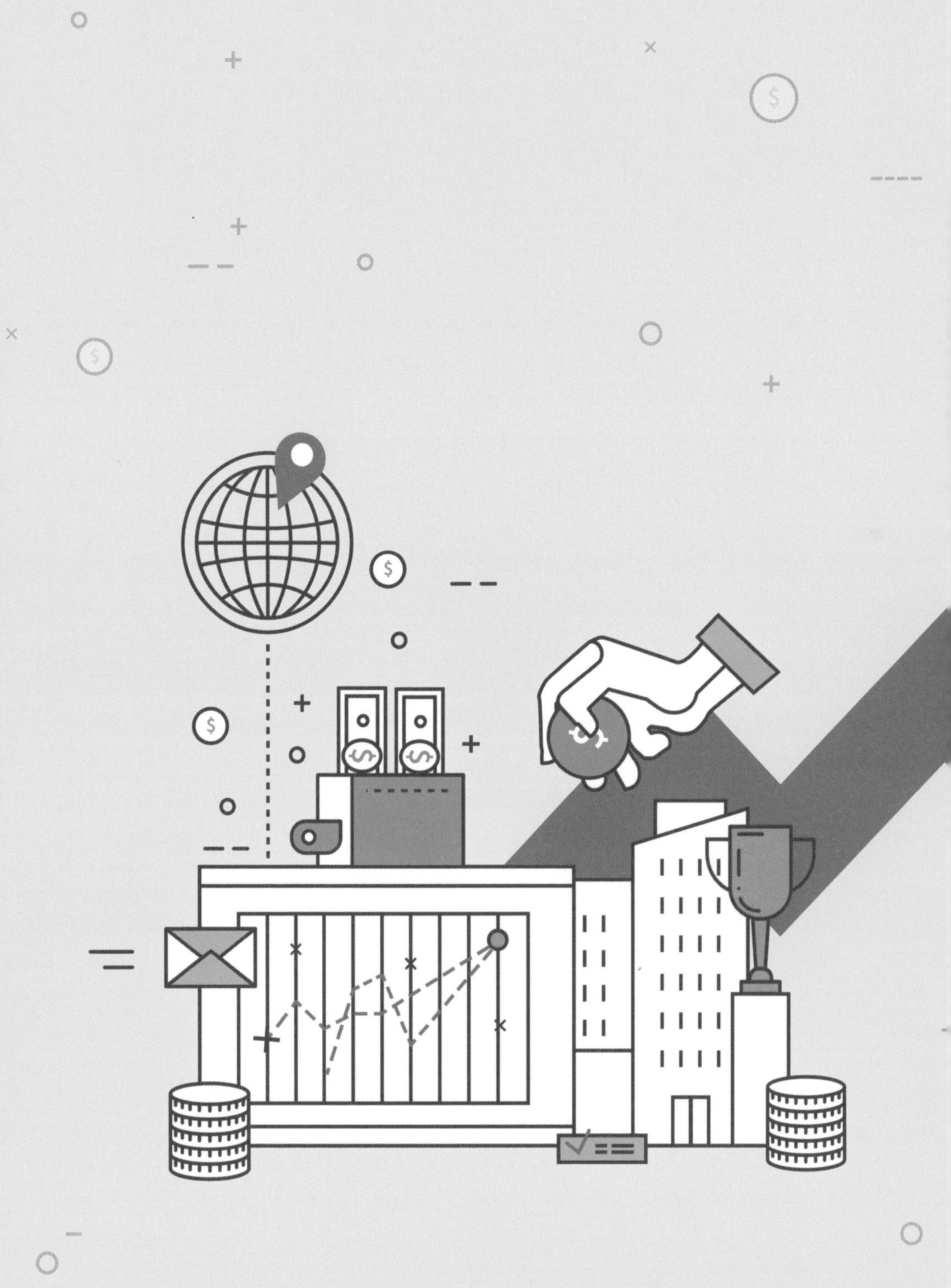

2장
종목 선택의 순간,
이것만은
반드시 체크하자

2장에서는 기본적으로 재무제표와 기업 공시를 어떻게 보고 주가의 흐름이 어떻게 움직이고 있는지 분석하는 방법을 소개합니다. 주식에서 신경 써서 봐야 하는 정보들은 적지 않습니다. 그러나 재무제표와 기업 공시는 살펴봐서 나쁠 것이 없고 분석에 오랜 시간이 걸리지 않는 항목들이니, 투자 전에 검토하는 습관을 기르면 좋습니다.

재무제표를 참고하자

기업 가치 분석에서 가장 중요한 역할을 하는 것이 재무제표입니다. '재무제표'란 재무정보를 나타내는 표로 영업이익, 자본총계 등을 확인할 수 있습니다.

테마주를 거래하더라도 단타가 아니라 스윙 전환이 가능하면 재무제표가 괜찮은 기업 위주로 투자해야 테마성이어도 상대적으로 안전하게 할 수 있습니다. 그만큼 기업을 분석할 때 재무제표를 중요하게 봐주어야 합니다. 지금부터 재무제표의 어떤 항목들을 보면 좋은지 살펴보겠습니다.

기업실적분석										더보기 ›
주요재무정보	최근 연간 실적				최근 분기 실적					
	2018.12	2019.12	2020.12	2021.12(E)	2020.03	2020.06	2020.09	2020.12	2021.03	2021.06(E)
	IFRS 연결	IFRS 연결	IFRS 연결	IFRS 연결	IFRS 연결	IFRS 연결	IFRS 연결	IFRS 연결	IFRS 연결	IFRS 연결
매출액(억원)	2,437,714	2,304,009	2,368,070	2,721,010	553,252	529,661	669,642	615,515	653,885	612,813
영업이익(억원)	588,867	277,685	359,939	517,816	64,473	81,463	123,532	90,470	93,829	109,741
당기순이익(억원)	443,449	217,389	264,078	390,859	48,849	55,551	93,607	66,071	71,417	84,950
영업이익률(%)	24.16	12.05	15.20	19.03	11.65	15.38	18.45	14.70	14.35	17.91
순이익률(%)	18.19	9.44	11.15	14.36	8.83	10.49	13.98	10.73	10.92	13.86
ROE(%)	19.63	8.69	9.98	13.95	8.45	8.49	9.51	9.98	10.79	
부채비율(%)	36.97	34.12	37.07		34.19	32.67	36.09	37.07	43.23	
당좌비율(%)	204.12	233.57	214.82		237.80	250.04	229.69	214.82	192.26	
유보율(%)	27,531.92	28,856.02	30,692.79		29,134.12	29,477.97	30,242.29	30,692.79	30,135.47	
EPS(원)	6,024	3,166	3,841	5,692	720	808	1,364	949	1,044	1,205
PER(배)	6.42	17.63	21.09	13.79	15.24	16.52	15.89	21.09	19.54	66.37
BPS(원)	35,342	37,528	39,406	42,180	38,053	38,534	39,446	39,406	39,126	
PBR(배)	1.09	1.49	2.06	1.86	1.25	1.37	1.48	2.06	2.08	
주당배당금(원)	1,416	1,416	2,994	1,755						
시가배당률(%)	3.66	2.54	3.70							
배당성향(%)	21.92	44.73	77.95							

네이버에서 확인할 수 있는 삼성전자의 기업실적분석 재무제표 요약입니다

기본적으로 영업이익이 흑자일수록 좋고, 자본총계가 자본금보다 많을수록 좋습니다. 부채비율은 100 이하가 좋으며, 유보율보다 적어야 안정적입니다. 또한 유상증자나 전환사채가 적고 자본금 변동 내역이 깨끗할수록 긍정적으로 평가합니다. 투자 시 주가 변동의 변수가 될 수 있는 위험요소가 적을수록 좋은 의미입니다. 이러한 공시나 재무제표 내용은 네이버나 HTS에서 확인할 수 있습니다.

영업활동을 통한 현금 또한 좋아야 합니다. 이후 유동자산과 유동부채도 봐주면 좋은데, 유동자산은 1년 이내 환금 가능 자산이며 유동부채는 1년 이내에 갚아야 하는 빚입니다. 유동부채가 유동자산보다 높으면 유동 현금이 부족할 수 있으며 이후 전환사채 발행 등으로 이어질 수 있으므로 확인해야 합니다.

손익계산서도 정리할 줄 알면 좋은데, 당기순이익과 매출증가율이 상승세일수록 좋은 회사입니다. 기본적으로 실적주나 가치주를 볼 때 예전만큼 벌거나 평가받던 주가 이상의 성장성을 보여주어야 투자 관심을 받을 수

동일업종비교 (업종명 : 반도체와반도체장비 | 재무정보: 2021.03 분기 기준)					더보기 ▸
종목명 (종목코드)	삼성전자+ 005930	SK하이닉스+ 000660	리노공업 058470	DB하이텍+ 000990	솔브레인+ 357780
현재가	79,200	114,000	181,300	61,800	342,000
전일대비	▲ 700	▼ 2,000	▼ 800	▼ 1,500	▼ 6,000
등락률	+0.89%	-1.72%	-0.44%	-2.37%	-1.72%
시가총액(억)	4,728,067	829,922	27,634	27,438	26,602
외국인취득률(%)	53.27	48.71	48.87	17.43	29.20
매출액(억)	653,885	84,942	682	2,437	2,392
영업이익(억)	93,829	13,244	279	606	505
조정영업이익	93,829	13,244	279	606	505
영업이익증가율(%)	3.71	37.12	68.40	99.29	1.65
당기순이익(억)	71,417	9,926	245	478	421
주당순이익(원)	1,044.18	1,360.50	1,604.92	1,074.12	5,318.64
ROE(%)	10.79	10.13	19.51	20.98	
PER(배)	19.02	16.28	44.37	17.33	21.14
PBR(배)	2.02	1.49	8.12	3.24	5.08

삼성전자의 동일업종 비교표입니다

삼성전자 공시자료입니다. 관심 있는 기업의 자료를 열람하면 자세한 분석이 가능합니다

있습니다. 투자자들이 욕심을 낼 만한 무기가 존재해야 합니다. 이러한 부분들을 동종업계의 주가와 비교하고 투자 종목을 선별합니다.

부채가 너무 많으면 해당 부채를 갚기 위한 유동자산이 얼마나 되고, 매출과 현금유동성이 어느 정도 되는지 봐주어야 합니다. 이러한 부채의 변동 내역도 나오니 매년, 매 분기에 어떻게 움직이는지 확인하는 것도 투자 판단에 좋은 지표가 되어줍니다.

매출액과 영업이익, 당기순이익이 다소 헷갈릴 수 있어 공식을 정리해보자면, 매출액은 기업활동으로 벌어들인 총수익입니다. 영업이익은 매출액에서 원가와 판매관리비 등을 뺀 금액입니다. 영업이익의 상승률을 중요하게 보는 이유가 비용관리의 효율 확대, 기업의 성장 가능성을 볼 때 유용하기 때문입니다.

당기순이익은 일정 기간 동안 발생한 기업의 전체 수익에서 지출비용을 모두 차감한 금액입니다. 당기순이익과 영업이익은 함께 보는 것이 정확합니다. 기업활동 외 부동산, 채권 차익 등으로 벌어들인 수익도 당기순이익에 포함되기 때문입니다.

영업이익률과 순이익률이란 항목도 볼 수 있는데, 영업이익률이 높을수록 성장하는 기업이고, 10% 이상의 영업이익률을 유지하는 기업이 좋습니다. 순이익률은 5% 이상을 기준으로 보면 좋습니다.

이렇게 재무제표에서 나오는 정보들을 종합해 가치 분석을 할 수 있고, 동종 업종과 비교해 고평가나 저평가 판단을 내릴 수 있습니다. 테마주를 매매하더라도 같은 테마 섹터 안에서 재무제표가 안정적인 기업이 상대적으로 안전할 수 있으나, 대개 재무제표가 나쁘지만 거래량이 많은 종목의 등락이 크고 상승률이 높을 때가 많습니다. 하지만 그런 종목을 투자하다가 실수하게 되면 큰손실로 이어질 수 있으므로 상당히 주의해야 합니다.

기업이 가지고 있는 이슈를 확인하라

투자할 기업이 있다면 어떤 이슈에 주로 움직이는지 확인할 필요가 있습니다. 게다가 최근에 어떤 뉴스에 집중되고 있는지 호재와 악재를 구분해 정리하는 것도 좋은 방법입니다. 즉 타점이나 차트 분석, 가치 분석만 하지 말고, 어떤 호재와 악재 뉴스가 있었고 그때 무슨 일이 있었는지 요약하면 비슷한 이슈가 나왔을 때 대응할 수 있고 자연스레 투자 승률이 올라가게 됩니다.

주식투자는 꼼꼼하게 분석할수록 좋은데, 나름 분석을 한다고 했어도 놓친 부분이 있어 생각대로 주가가 움직이지 않을 때가 많습니다. 하지만 무엇을 놓쳤는지 인지하지 못하고 '분석 투자해도 소용이 없다'는 고정관념

| 종목뉴스 ✓제목 ✓내용 | | 종목뉴스 안내 ? |

제목	정보제공	날짜
LG전자 청년 소통 캠페인 영상 조회수 1억회 돌파	파이낸셜뉴스	2021.07.28 18:51
↳ LG전자, 라이프 이즈 굿 캠페인 영상 조회수 1억회 넘어	서울경제	2021.07.28 16:55
관련뉴스 3건 더보기 ∨		
LG전자-마그나, '엘지마그나 이파워트레인' 주식매매절차 모두 마무리	이데일리	2021.07.28 16:20
↳ LG전자-마그나, '엘지마그나 이파워트레인' 주식매매절차 완료	매일경제	2021.07.28 15:59
관련뉴스 2건 더보기 ∨		
LG전자-마그나, 주식매매절차 완료…전장 사업 3개축 재편	서울경제	2021.07.28 16:13
LG전자, 트롬 건조기 여름철 사용팁 소개	아시아경제	2021.07.28 14:15
↳ LG전자, 트롬 스팀 건조기 여름철 사용법 3가지 제시	한국경제	2021.07.28 13:02
LG전자, 내달부터 베스트샵서 애플 '아이폰' 판다	머니투데이	2021.07.28 10:02
LG전자, 라이프스 굿 캠페인 영상 1억뷰 돌파	아시아경제	2021.07.28 10:00
LG전자, 반려동물 가구 위한 공기청정기 신제품 출시	매일경제	2021.07.27 16:10
↳ 반려견 배변 냄새도…'펫 전용' 공기청정기 내놓은 LG전자	한국경제	2021.07.27 11:59
관련뉴스 2건 더보기 ∨		
LG전자-UNIST 창업기업 유투메드텍 업무협약	매일경제	2021.07.27 14:49
LG전자, 반려동물 가구 위한 공기청정기 신제품 선봬 "강력 탈취·강한…	서울경제	2021.07.27 11:40
↳ LG전자, 반려동물 가구 위한 '퓨리케어 360° 공기청정기' 출시	헤럴드경제	2021.07.27 10:02
관련뉴스 2건 더보기 ∨		
'외국인 러브콜' LG전자, 향후 주가 흐름은?	아시아경제	2021.07.27 11:02

LG전자의 뉴스 공시입니다. 기업 관련 뉴스를 한데 모아 볼 수 있습니다

이 생기게 됩니다. 대부분은 놓친 사항이 있어 분석이 틀리게 되는 것입니다. 예상할 수 없는 시장 악재나 기업 오너에 문제가 생겨서, 대주주 매도 등 예측이 어려운 경우를 제외하면 나머지는 충분히 분석할 수 있습니다. 최대한 놓치는 것 없이 꼼꼼하게 확인하고 투자하는 것이 좋습니다. 그러기

위해선 기업이 가지고 있는 이슈들을 정리하고 회사와 주가에 어떤 영향을 주었는지 살펴야 합니다.

요즘은 뉴스나 공시가 잘 정리되어 있습니다. 인터넷에 검색해서 알아봐도 좋습니다. HTS, MTS에서도 충분히 확인 가능합니다. 현재 나오고 있는 뉴스는 당연히 봐야 하며, 과거 뉴스들을 정리하는 것이 중요합니다. 주식은 데이터 싸움입니다. 지난 기록과 관련해 주가가 비슷하게 움직일 때가 많다는 이야기입니다.

LG전자처럼 코스피 지수와 기업 실적의 영향을 많이 받으면 분기 실적과 코스피 움직임을 우선순위로 봅니다. LG전자는 최대 실적이 나오고 향후 더욱 성장할 수 있는 호재가 나오고 있습니다. 그렇다면 기업 가치 분석은 기본적으로 긍정적으로 볼 수 있는데, 문제는 지수입니다.

코스피 지수가 떨어지면 우량주도 덩달아 하락할 때가 많습니다. 국내 증시에 '십 년 박스권'이란 호칭이 괜히 생긴 것이 아닙니다. 10년 동안 주가가 우상향한 기업이 손에 꼽힙니다. 2020~2021년은 우상향중이지만, 앞으로도 유지되리란 보장이 없습니다. 즉 지금은 지수 움직임이 악재가 될 수 있다는 이야기이며, 지수에 의해 주가가 하락할 수 있다는 근거를 세워놓고 분석을 시작해야 합니다. 기업 분석도 어렵고 뉴스 공시 확인도 힘든데 지수까지 보려니 지칠 수 있지만, 하나씩 익숙해지면 물 흐르듯 진행할 수 있습니다.

지수가 고점 근처에 있을 때 우량주 투자를 자제하는 습관도 도움이 됩니다. 이후 분석이 익숙해질 때 지수도 같이 보기 시작하면 됩니다. 분석도 조급하게 하면 안 되고, 감당 가능한 수준만큼 하면서 매매하면 됩니다. 지수가 내려가고 있을 때도 영향을 많이 받는 우량주들에 대한 투자를 자제

제목	정보제공	날짜
LG전자(주) (정정)타법인주식및출자증권처분결정	KOSCOM	2021.07.28
LG전자(주) 지속가능경영보고서 등 관련사항(자율공시)	KOSCOM	2021.07.21
LG전자(주) 기업설명회(IR) 개최(안내공시)	KOSCOM	2021.07.08
LG전자(주) 연결재무제표기준영업(잠정)실적(공정공시)	KOSCOM	2021.07.07
LG전자(주) 기업지배구조 보고서 공시	KOSCOM	2021.05.31
LG전자(주) (정정)연결재무제표기준영업(잠정)실적(공정공시)	KOSCOM	2021.04.29
LG전자(주) 기타 경영사항(자율공시)(기업지배구조 개선을 위한 이사회...	KOSCOM	2021.04.28
LG전자(주) (정정)기업설명회(IR) 개최(안내공시)	KOSCOM	2021.04.08
LG전자(주) 기업설명회(IR) 개최(안내공시)	KOSCOM	2021.04.08
LG전자(주) 연결재무제표기준영업(잠정)실적(공정공시)	KOSCOM	2021.04.07

LG전자의 공시정보입니다. 원하는 기업의 공시정보를 한데 모아 볼 수 있습니다

하고, 지수 영향을 잘 받지 않는 종목 위주로 투자하는 게 좋습니다. 지수 분석이 어렵다면 처음에는 고점인지 아닌지, 움직임의 방향이 어떤지만 보고 투자 범위를 좁혀가도 충분합니다.

공시를 통해 재무제표 정보들을 손쉽게 얻을 수 있고, 기업설명회·경영보고서 등 기업의 주요 이슈 역시 볼 수 있습니다. LG전자 같은 우량주야 큰 걱정이 없지만, 시가총액이 적은 중·소형주나 테마주는 공시 때문에 주가가 크게 떨어지거나 상장폐지 위기를 겪을 수 있는 만큼 재무건전성과 공시 발표를 꼼꼼히 살펴야 합니다.

좋은 추세와 튼튼한 수급을 가지고 있는지를 보라

저자 직강 동영상 강의로 이해 쑥쑥!
QR코드를 스캔해서 동영상 강의를 보시고
이 칼럼을 읽으면 훨씬 이해가 잘 됩니다!

추세는 변동이 생기지 않으면 유지되는 성향을 가집니다. 우상향과 우하향의 전조로 볼 수도 있습니다. 추세의 근거가 되는 것이 수급이며, 튼튼할수록 시세가 안정적입니다. 투자 심리와 투자자 동향을 분석할 때 중요한 역할을 합니다. 추세가 유지되는 것이 확인되면 주가가 하락해도 떨지 않고 오히려 저점 매수의 기준으로 정할 수도 있습니다.

단, 주식은 항상 변수가 존재하기 때문에 수급이 좋았어도 변동성에 추세가 이탈하고 큰손실로 이어질 수 있습니다. 그래서 시장에는 '저점을 맞추지 말고 움직임을 분석하라'는 말이 있습니다.

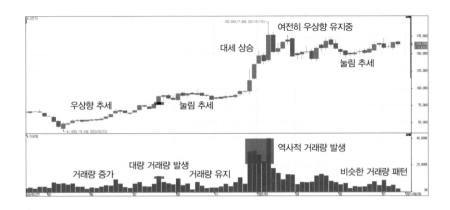

LG전자 주봉 차트입니다. 우상향 추세가 이어지고 거래량이 유지되며 좋은 추세를 이어가고 있습니다

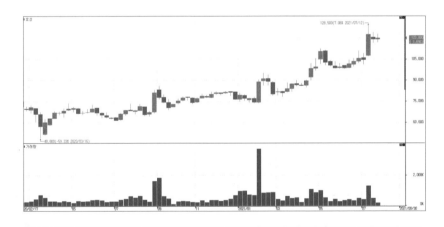

효성 주봉 차트입니다. 우상향 추세가 이어지면서 지속 고점 돌파를 하는 모습입니다. 이때 거래량과 장대양봉을 보며 튼튼한 수급을 확인하세요

게다가 지수의 영향을 많이 받는 종목의 경우 기업은 전혀 문제가 없는데 지수의 추세가 크게 이탈하여 동반 하락하는 경우가 많습니다. '지수를 이기는 종목 없다'는 유명한 말이 있는데 코스피나 코스닥이 크게 떨어진다는 것은 주식 시장 자체에 돈이 많이 빠져나가고 있다는 신호입니다. 그렇게 되면 알려지지 않은 악재가 있을까 불안한 마음에 현금화를 하는 투자자들이 대거 늘어납니다. 특히 많은 물량을 가지고 있는 큰손들의 이탈이 나오고, 그러면 차익 실현을 하거나 리스크 관리를 위해 손절을 합니다. 이를 받아주는 매수세가 부족해지고 나면 다른 악재가 없더라도 주가가 크게 떨어지게 됩니다. 그러고 나서 투자를 유도하는 호재가 시간이 지나 사라지고 시장이 정상화가 되면 주가가 다시 돌아가지 않고 떨어진 가격대 근처에서 머무르는 현상이 생기기도 합니다. 즉 추세가 시장 때문에 나빠지게 되는 것이죠. 종목의 추세를 볼 땐 지수 영향을 받는 기업인지 확인하고, 그럴 경우 종목 자체는 문제가 없더라도 지수가 나쁘면 리스크 관리를 고려해야 합니다.

시장이 흔들렸을 때의
주가 움직임을 체크하라

지수 영향을 받는 종목들은 시장이 흔들리면 덩달아 흔들려 과대낙폭이 될 때가 있습니다. 우량주들이 대표적이고, 대개의 가치주들이 비슷합니다. 테마주들 역시 증시 영향을 많이 받지만, 지수가 하락해도 상승할 때가 많습니다.

또한 특정 섹터가 하락세라 시장이 흔들리는 경우도 많으므로 어떤 섹터들이 주로 떨어지고 있는지 확인해야 합니다. 전체적으로 흔들리고 있는 건지, 아니면 일부 종목들이 크게 흔들려서 시장이 덩달아 흔들리는 것인지 확실히 파악해야 합니다.

흔들리는 섹터, 종목의 하락, 조정이 끝나고 나면 시장이 다시 정상화될 수 있고, 그러면 낙폭이 컸던 다른 종목들이 다시 상승세로 전환될 가능성

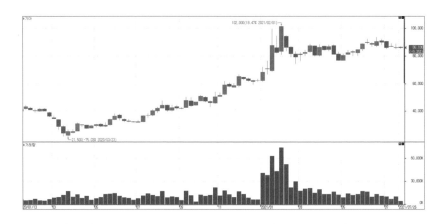

기아 주봉 차트입니다. 주가가 우상향 중이어도 중간중간 지수 영향에 따라 등락이 있는 모습을 볼 수 있습니다

코스피 지수 주봉입니다. 주요 우량주들 주봉과 함께 보며 시장이 주가에 어떤 영향을 주는지 확인해봅시다

이 커지기 때문입니다. 그러면 손절을 피하고 오히려 수익을 노려볼 수 있습니다. 상승장에서만 종목들을 분석하고 투자하는 것이 아니라 오히려 시장이 흔들릴 때 정비를 해야 합니다.

개선이 가능하고 극복되는지 판단해서 예수금 확보를 하거나 종목 압축을 시도하고, 설령 흔들려도 긍정적으로 볼 수 있는 종목에 투자 중이라면, 반대로 저점 추가 매수를 목표로 하거나 비중을 잠시 축소하고 평단가를 낮추는 등 다양한 투자 전략을 세울 수 있습니다.

반대의 경우도 생각해볼 수 있습니다. 지수가 큰폭으로 하락하고 다시 반등을 할 때 주도주가 바뀌어 다른 업종으로 수급이 쏠릴 수 있습니다. 그렇게 되면 제대로 된 반등이 나오지 않고 멈추어 딜레이가 되고, 이후 다시 지수가 하락해 반등을 하지 못하고 주가가 크게 떨어질 수 있습니다. 원인은 다양한데 대개 큰손의 흐름이 바뀐 것일 수도 있고 재료가 소멸되어 더 이상 전처럼 주목을 받지 못하거나 악재가 나와 반등이 막히는 경우입니다. 그럴 경우 지수가 다시 돌아와도 주가는 되돌아가지 않는 아이러니한 상황에 놓이게 되는데 손실이 회복되지 않아 난처해질 수 있습니다. 그러므로 시장이 좋아졌다고 필히 주가 또한 다시 돌아올 것이라 단정짓지 말고, 주가가 반등나올 수 있는 충분한 이슈와 수급이 있는지 확인하고 난처한 상황에 놓이지 않도록 투자한 기업의 정보를 항상 제대로 파악하고 있어야 합니다. 위기는 안심할 때 찾아옵니다.

왜 떨어졌고
왜 올랐는지 분석하라

저점과 고점을 확인하며 상승, 하락이 보일 때마다 어떤 이유로 움직였는지 정리해두면 좋습니다. 특히 길게 보는 종목이나 반복 투자가 가능한 종목을 분석할 때 참 좋습니다. 주가는 파동이 존재하고 회귀하는 성질을 가지며 등락이 존재합니다. 얼마든지 반복 수익을 노려 한 종목을 큰 수익으로 발전시킬 수 있습니다.

저는 초보 투자자들에게 3% 수익을 10번 성공하면 상한가 수익을 한 번 보는 것과 같다고 말하며, 주가가 상승했을 때 수익을 잘 챙기라고 종종 말합니다. 이러한 투자법을 효율적으로 활용하려면 상승과 하락에 대한 근거를 잘 파악해 분석해놓고 반복 수익을 노려야 합니다.

박스권 분석 또한 이때 중요하게 다루어지고, 지지선과 저항선도 매우 긍

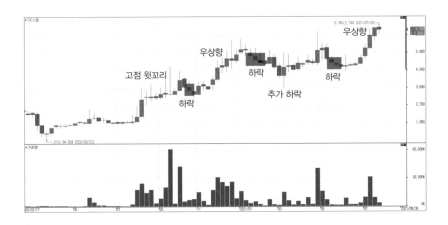

TCC스틸 주봉입니다. 반복 매매가 가능했고, 하기에 좋은 종목중의 하나입니다. 섹터는 2차
전지입니다

정적으로 사용합니다. 기법과 분석은 연결되어 있으나 내가 잘하고 잘할 수
있고 잘 맞는 것 위주로 투자하는 것입니다. 기업 분석을 하고 재무제표를
보더라도 차트 분석도 같이 응용해서 투자 성공률을 높일 수 있다는 의미
입니다. 절대적인 분석법, 정답과 오답은 없으며 기술적 분석과 가치 분석
은 각기 장점이 있습니다.

위의 차트는 상승과 하락 근거를 확인하면서 저점과 고점을 지속 체크하
고 타점을 잡는 방식입니다. TCC스틸은 윗꼬리가 자주 나오는 기업이니,
2020년에는 윗꼬리 고점 때 팔고 다시 저점 지지선이 나와주면 매수하는
방식으로 일 년 내내 반복 매매가 가능했던 종목입니다.

이후 이탈과 하락이 나왔는데 지수 영향을 받은 모습이고 2차전지 섹터
의 조정이 있었습니다. 이후 눌림이 나오고 다시 상승하고 저항선에 부딪히

고 하락해 매수가로 회귀하는 모습입니다. 2021년까지 반복 매매가 가능한 종목인 것을 확인할 수 있습니다. 이렇게 상승과 하락에 대해 분석하고 저점과 고점을 분석해 타점을 잡아두면 반복 수익을 거듭하며 높은 수익률로 발전시킬 수 있습니다.

TCC스틸의 패턴을 보면 지수가 하락하거나 2차전지 섹터의 조정이 나올 때 하락하고 지수가 상승하거나 2차전지 섹터가 강세가 되면 다시 상승하는 패턴을 가졌다는 사실을 알 수 있습니다. 그렇다면 확인해야 하는 이슈는 2차전지 카테고리이고, 지수의 움직임입니다. 간단하게 정리해 좋은 종목들을 얼마든지 발굴할 수 있습니다. 같은 방식으로 10개 이내의 기업을 발굴하고 타점들을 분석해놓고 반복 매매를 노려보세요.

240일선을 체크하라

세력선, 매집선이라고 불리는 구간이 240일선 근처입니다. 1년 동안 움직인 이동평균선을 의미하며, 240일선 근처나 밑에 있으면 바닥 근처로 판단합니다. 240일선을 체크하는 이유는 저점 타점을 잡기 위함입니다. 매매기법으로 활용하면, 240일선을 자주 지지해줄 때 1차 타점으로 잡을 수 있습니다. 혹은 240일선이 두세 번 하락하고 반등할 때 긍정적으로 볼 수 있습니다. 즉 240일선 눌림 타점을 잡는 것입니다. 240일선 기법은 생각보다 승률 높은 기법으로, 바닥주를 공략할 때 자주 쓰입니다.

240일선 기법의 단점은 주가가 너무 느리게 움직일 수 있고, 우하향하면 240일선도 덩달아 내려가기 때문에 그런 부분에 주의해야 한다는 것입니다. 장점은 바닥에서 움직이기 때문에 큰 수익을 목표로 할 수 있고 비교적

코스모화학 주봉 차트입니다. 주봉 차트에서의 240일선을 분석하면서 타점을 고려해볼 수 있습니다

코스모화학 일봉 차트입니다. 일봉에서의 240일선을 분석하면서 타점을 잡아볼 수 있습니다

안전하다는 것입니다. 스윙, 중장기 이상의 투자를 할 때 240일선을 활용하면 좋으며, 저평가 기업인데 240일선을 지지하고 있으면 절호의 기회로 보기도 합니다. 240일선은 가볍게 볼 수 있는 이동평균선이므로 차트 설정으로 해놓고 참고용으로 활용하면 됩니다.

거래량 240일선은 취향입니다. 즉 거래량 240일선은 선택 사항이며, 이동평균선 240일선은 이렇게 저점 타점을 공략할 때 좋은 참고 지표가 되어줍니다. 주봉에 의하면 11,900원~10,500원 근처가 1차 스윙 타점이 되어줍니다. 이곳을 자주 지지해줄수록 튼튼한 박스권이 되어줍니다. 이탈하게 되면 주가에 따라 240일선의 변화가 생길 것입니다.

일봉으로 보면 11,200원~10,000원 근처가 타점이 되며, 밑에선 8,500원 밑이 저점 타점이 됩니다. 실제로 2020년 코스모화학이 큰 급락이 있었을 때 240일선 기법으로 분석해 좋은 타점을 잡아볼 수 있었습니다. 우하향을 했어도 240일선 근처에서 지지하고 다시 상승 반전하는 모습을 볼 수 있습니다. 이렇게 240일선 근처를 지지해주고 저점 매수가 나와 하방 지지가 되는 모습이 보인다면 스윙, 중장기 타점으로 노려 큰 수익을 목표로 잡을 수 있습니다.

그래서 240일선을 '매집선' '세력선'이라 부릅니다. 매집하기 좋은 타점, 큰손이 모아가기 좋은 구간으로 해석합니다. 단, 시장 상황에 따라 대세 하락을 하면 240일선을 이탈하고 장기간 자금이 묶일 수 있으므로 절대적 믿음은 아닙니다. 상황에 맞추어 활용할 수 있는 하나의 참고 지표로 보기 바랍니다.

대개 240일선을 두세 번 이탈하고 반등할 때 하방 지지가 강한 것으로 판단해 좋은 매수 타점으로 잡습니다. 저평가 종목일수록 유리하고, 강한 재료를 가지고 있을수록 유리합니다.

코스모화학은 기업 성장성과 기대감을 가지고 있었으며 2차전지 섹터입니다. 섹터도 강하고 재료도 좋았기에 240일선 근처에서 지지가 잘 되었고, 주가가 우상향할 수 있었습니다. 이런 종목들을 여러 개 알아두면 안정적인 수익을 꾸준히 볼 수 있습니다.

자신에게 유리한 투자 기법을 집중적으로 연구하고 유리한 종목들을 발굴해 확실한 투자로 좋은 수익을 노려보기 바랍니다. 아무거나 막 사고 눈대중으로 투자하는 건 이제 멈추어야 합니다.

3장
매수의 순간,
이것만은
반드시 체크하자

매수는 기술입니다. 아무리 좋은 기업이더라도 타점을 잘못 잡으면 크게 잃을 수 있습니다. 상대적으로 비쌀 땐 항상 주의해야 하고, 저렴할 땐 그 원인과 이유를 찾아야 합니다. 3장에서는 매수 타점을 잡을 때 명심해야 하는 사항들을 정리했으니, 이해가 될 때까지 다독하는 것을 권장합니다.

도화선을 그려라

저자 직강 동영상 강의로 이해 쑥쑥!
QR코드를 스캔해서 동영상 강의를 보시고
이 칼럼을 읽으면 훨씬 이해가 잘 됩니다!

주가의 추세를 알고 투자하면 효율이 올라가고 대응 계획을 잘 짤 수 있습니다. 주식에서 도화선을 그리는 이유는 주가 움직임의 근거를 데이터로 기록해 다음 투자 때 참고하기 위함입니다. 즉 과거에서 보이는 도화선이 추세선의 역할을 하며 이를 통해 지지선과 저항선을 쉽게 설정할 수 있고, 매수가와 매도가를 정하는 데 도움이 됩니다.

특히 도화선은 향후 방향을 볼 때 유용합니다. 도화선은 추세선과 함께 볼 수 있는데 이동평균선 기준으론 60일선이고, 그 외 기술적 분석으론 지지와 저항이 자주 바뀌는 구간 중에서 수급이 이탈되지 않은 것으로 추정되는 구간입니다. 즉 투자를 결정하기 전에 주가의 흐름과 방향, 투자자 심리를 볼 때 도화선은 좋은 기술 지표인 셈입니다.

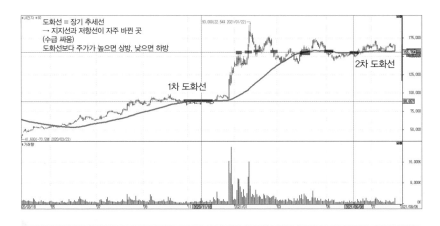

60일선을 포함한 LG전자 일봉 차트입니다. 1차 도화선과 2차 도화선을 정할 수 있고, 평균 주가에 따라 달라집니다

도화선은 장기 추세선이라고 이해하면 됩니다. 주가 상황에 따라 달라지기도 하는데, 우하향 추세인지 아니면 우상향 추세인지에 따라 차이가 있습니다. 우하향인 경우에는 장기투자 자체를 피해야 하고, 상승 추세에선 적정 매수 타점을 잡을 때 유용하게 응용할 수 있습니다. 매수 타점을 잡는 방법은 60일선 근처의 지지선이나 추세선을 잡으면 되고, 그 밖에는 60일선과 가까운 위치에서 지지와 저항이 자주 바뀌었던 곳을 기준으로 삼습니다.

위의 LG전자 차트를 보면 15만~16만원 근처에서 지지와 저항이 굉장히 많이 바뀌고 있는 모습을 볼 수 있는데, 이 말은 16만원 이하에서 충분히 매수 타점을 잡을 수 있다는 의미입니다. 매수가를 정할 때 고민하는 것이 '해당 가격의 매수 기회를 주는가'인데, 도화선을 그려두면 어렵지 않게 잡을 수 있습니다. 장기 추세선의 역할도 수행하므로 도화선 이상의 주가면 상방으로 보고 밑은 하방으로 보는데, 상방과 하방의 역할은 추세를 기준으로 추가 상승의 가능성이 클 때 상방으로 보고, 하락 가능성이 크면 하방으로 봅니다. 하방일 땐 눌림을 보고 진입하는 게 좋고, 상방일 땐 기대수익률이 낮아질 수 있으므로 매수하더라도 비중을 축소하고 진입해야합니다. 가능하면 매수 타점을 잡을 때 상방보다 하방인 상태에서 도화선을 지지해주고 추세 이탈이 나오지 않는 상태의 눌림목을 공략하는 것이 좋습니다. (이 부분은 앞에서 모두 다루었으므로 이해가 잘 가지 않는다면 책을 한 번 더 정독하기 바랍니다. 낚시로 비유하자면 물고기 낚는 방법을 상세히 알려드리는 중입니다.)

아래의 씨에스윈드 차트를 보면 77,000원 이하에서 적정 매수 타점이 나오고, 1차 도화선은 48,000~5만원 근처까지 나오는 모습입니다. 우하향이 시작되거나 폭락을 하면 5만원 근처까지 하락할 수 있다는 것을 알 수 있습니다. 과거 추세 역시 지나치지 말고 기록해서 데이터로 쌓고, 분석 근거로

씨에스윈드 일봉 차트입니다. 도화선을 보면 추세 방향을 확실하게 알 수 있습니다. 적정 매수 타점을 잡고 싶다면 꼭 활용해보세요

활용해야 합니다. 주가는 언제든지 회귀할 수 있기 때문입니다. 2차 도화선 위로 상승하고 다시 주가가 하락해 77,000원 근처로 왔을 때 곧바로 매수하는 것이 아니라 주가를 지켜주는지 지지와 저항을 보고 눌림목 판단을 통해 타점을 결정해야 합니다.

저점 매수와 고점 매도는 누구나 어려워한다

저점과 고점을 맞출 생각을 버려야 합니다. 우리가 해야 하는 것은 저점과 고점을 맞추는 게 아니라 기록을 하는 것입니다. 차트에 보이는 저점과 고점의 위치를 기록하고 움직임을 복기해 무슨 일들이 있었는지 정황들을 분석함으로써 이를 투자 참고 지표로 만들어야 합니다.

괜히 저점을 맞추려고 하다가 예수금이 다 사용되어 큰손실로 이어질 수 있고, 고점을 맞추려다 매도 타점을 놓쳐 수익을 볼 수 있는데도 수익률이 줄어들거나 손실로 전환될 수 있습니다. 사람 심리가 손해를 안 보려 하고, 손해를 봤나는 생각이 들면 비뚤어진 희망이 생기고, 그 희망이 커지면 잘못된 판단을 내리기 쉬워집니다. 주식투자는 기계가 아닌 사람이 하는 것이기에 자신의 심리를 잘 관리해야 합니다.

두산퓨얼셀 일봉 차트를 보면 저점을 맞추려고 매수하면 실수로 이어지기 쉽다는 사실을 알 수 있습니다. 분할 매수가 필수인 이유입니다

    저점과 고점은 맞추는 게 아니라 데이터로 쌓고 분석 근거로 만들어 대응해야 하는 것입니다. 두산퓨얼셀의 경우 38,200원까지 하락하고 저점 지지가 된 모습을 알 수 있는데, 이는 단지 결과론입니다. 즉 얼마나 하락할지는 알 수 없다는 이야기입니다. 그렇기에 매수 타점을 잡는다면 하방 지지가 여러 번 되는 것을 확인하고 저항대를 돌파하고 상승 추세가 되었을 때 1차 매수 타점으로 잡습니다.

    38,200원 이후 두산퓨얼셀 저항대는 44,000원 근처라는 사실을 알 수 있고 이를 돌파하는 장대양봉이 나왔을 때 1차 타점으로 잡습니다. 거래량도 올라가면서 주가가 상승하는 추세이니 긍정적으로 볼 수 있습니다. 전체적으로 매수가 매도보다 많으며 유지되고 있다고 분석할 수 있습니다. 기대수익률이 결과적으론 떨어지지만 섣부른 매수를 피해야 투자 승률이 상승합니다.

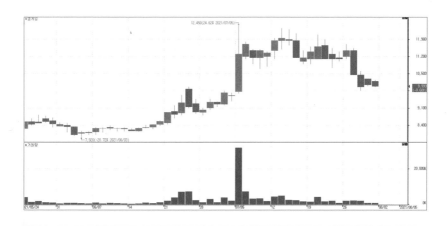

엠게임 일봉 차트를 보면 고점을 맞추려고 매도를 기다리다가 수익률이 낮아지거나 손실로 이어질 수 있다는 사실을 알 수 있습니다. 분할 매도가 필수인 이유입니다

　엠게임 역시 12,450원이 고점으로 형성되었는데 그곳까지 상승할지는 모르는 일입니다. 갑작스레 거래량이 상승하면서 장대양봉이 나왔기 때문입니다. 그전에 보유하고 있다면 2021년 6월 24일 9,960원 이하에서 매도했을 수 있습니다. 지속 보유해 장대양봉이 나왔을 때 고점을 지정해놓고 매도하면 수익률이 낮아질 수 있고, 고점을 너무 높게 판단하면 손해를 볼 수도 있는 것입니다. 이런 상황에서 해야 할 일은 분봉을 보며 대응하는 것이고, 윗꼬리가 나왔을 땐 고점을 강저항대로 생각하고(장대양봉 때부터 고점이므로) 돌파를 해주는지 보는 것입니다. 그리고 저항에 부딪힐 때마다 분할 매도를 통해 익절을 하며 거래량과 동종 업종의 움직임을 파악해야 합니다.

　엠게임의 상승 이유는 메타버스 수혜 덕분이었으므로, 다른 메타버스 관련주들의 움직임을 보면 됩니다. 내가 보유하고 있는 종목의 주가가 상승할 때 주도 섹터가 되어서 동종 업종들이 강세인지 아니면 개별로 상승하는지 파악해두어야 합니다. 바로 이것이 매수보다 매도가 어려운 이유인데, 엠게임의 추가 상승을 예상하고 섣불리 고점 매수를 했다면 큰손실로 이어지거나 장기간 기다려야 할 수도 있습니다. 그렇기에 주식을 할 땐 보유든, 매수 예정이든 관계없이 저점과 고점을 섣불리 맞추려 하지 말고 기록으로 생각해야 합니다.

고점 매수 금지,
추격 매수 봉인

    상대적으로 비싼 위치에 있을 땐 관심만 가지고 매수하지 않아야 합니다. 주가가 더 오르면 다른 종목을 발굴하는 게 좋습니다. 대응을 잘 못하는 주식 초보 시절에는 고점 매수를 피해야 투자 승률이 상승합니다.

    추격 매수란 급등주를 매수하는 것을 의미합니다. 한창 상승하고 있는 종목에 따라가듯 추격해서 매수하지 않아야 합니다. 그 이유는 고점 매수 때와 같은데, 한 가지 더 추가하자면 단기적인 급등일 경우 다시 그 가격까지 오는 데 시간이 굉장히 오래 걸릴 수 있기 때문입니다. 추격 매수를 하는 데 걸리는 시간은 짧지만, 감당해야 하는 시간이 길고 손실이 커지며 투자 스트레스도 많이 받아 결과적으로 나쁜 영향을 받게 됩니다. 매수하고 싶어도 참고 기록만 해두기 바랍니다.

LG전자 일봉 차트를 보면 2021년 1월 중순에 고점 매수를 했다면 2021년 7월까지도 주가 회복이 안 되어 장기간 강제 보유를 하게 됩니다

주식은 꼭 매매 중심으로만 움직이는 것이 아니라 기록과 복기만 충분히 해도 간접 경험으로 투자 실력을 올릴 수 있습니다. 실전 투자는 진짜 돈을 가지고 하는 것이기에 그만큼 신중하면서도 실패에 주의해야 합니다. 이미 실패 경험을 하고 나면 늦을 수 있습니다. 가능하면 실패를 줄이고 좋은 투자를 이어가야 하는데, 그러려면 추격 매수와 고점 매수를 절대 금지하고, 그런 종목은 욕심이 나도 아예 쳐다보지도 말아야 합니다.

나중에 공략하고 싶으면, 지금은 주가 움직임을 기록하고 분석만 해놓기 바랍니다. 그러면 나중에 대개 좋은 매수 기회를 줍니다. 일부 기업은 매수 기회를 주지 않고 상승할 수 있으나 그런 경우는 거의 없습니다. 주식투자는 승률에 의존하는 게 좋으므로 상대적으로 높은 승률을 가진 방식으로 접근하고 이를 발전시켜야 합니다.

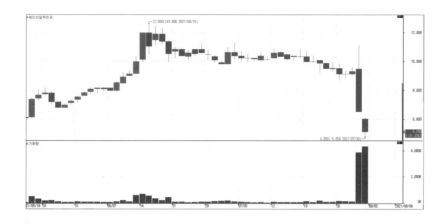

웨이브엘릭트로 일봉 차트입니다. 장대봉이 나왔다고 추격 매수를 했다가는 윗꼬리 장대음봉과 추세 이탈로 큰손실이 생길 수 있습니다

　위의 차트에서 보듯 추격 매수로 손해 보는 경우가 특히 테마주, 급등주에서 자주 나옵니다. 처음엔 장대양봉으로 급등이 나왔다고 추격 매수를 했다가, 웨이브일렉트로 차트처럼 장대음봉에 윗꼬리로 마감하고 다음 날까지 추가 하락을 겪을 수 있습니다. 주가가 다시 회복될 때까지 수년 이상 자금이 묶이거나 회복 불능에 빠집니다.

　대응이 안 되는 초보 투자자들은 추격 매수는 아예 하지 않는다는 생각을 가져야 합니다. 만약 추격 매수를 손절가를 정한 후에 적은 비중으로 하기 바랍니다.

　고점 매수 역시 마찬가지입니다. 주가는 결국 회귀하고 박스권이 나오기 때문에 얼마든지 타점을 잡을 수 있습니다. 타점이 오지 않으면 깔끔하게 포기하고 다른 종목을 발굴하고 공략하는 것도 투자의 미학입니다.

주식을 잘하려면
예의 주시를 잘해야 한다

주식에는 '기다림의 미학'이 있습니다. 내가 원하는 가격대가 올 때까지 기다려야 하며, 왔어도 곧바로 매수하지 않고 분석을 통해 상황을 볼 줄 알아야 합니다.

주가는 등락이 존재합니다. 계속 오르거나 하락하는 경우는 특수할 때를 빼고는 없습니다. 지수가 좋거나 나쁘거나 기업 자체에 대형 호재나 악재가 생겼을 때처럼 주가에 큰 영향을 주는 이슈 외에는, 상승하면 고점에 가까워져 매도가 나오고, 매도보다 매수가 줄어들면 주가가 더 하락하고 다시 저점 매수가 나올 때까지 하락 추세를 그립니다.

매도세는 유행처럼 번지고 기회비용의 욕심으로 늘어나는 성향을 가집니다. 시장에서 인정하고 투자자들의 심리상 적절한 매수 단가가 올 때까지 이러한 추세가 유지됩니다. 그러니 우리는 욕심을 잠시 내려놓고 적정 타점이 올 때까지 기다릴 줄 알아야 하며, 왔어도 곧바로 매수하지 말고 충분히 지켜주는지 검토한 후에 진입해야 합니다.

이러한 사소한 원칙을 지키지 않아서 수익 차이가 생기고 손실이 커지는 것입니다. 사실 주식이란 단순하다고 볼 수 있는데 사람 심리 때문에 어렵게 느껴지는 것입니다.

아래의 POSCO 차트를 살펴보면 상승 이전 지지선과 저항선을 볼 수 있고, 이후 하락했을 때 장대음봉과 장대양봉이 나와주며 지지와 저항을 더 잡아볼 수 있습니다. 변동성이 큰 시기라는 점을 알 수 있지요. 이후 재차 하락하고 저점을 맞추려고 하면 안 되기에 기다려야 합니다. 어디까지 하락하고 반등하는지 충분한 데이터가 나올 때까지 기록만 하면서 매수 타점을 잡아야 합니다. 이 책에서 이야기하고 있는 부분들이 모두 일맥상통합니다. 종목들도 다양하게 보여드리고 있는데, 다양한 상황·경우의 수에서 응용이

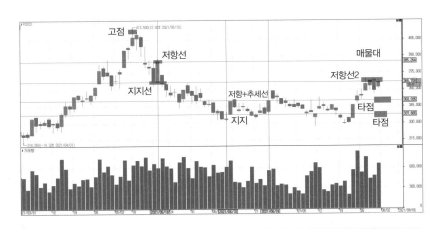

POSCO 일봉 차트입니다. 욕심에 비싸게 샀다가 오히려 좋은 타점을 놓칠 수 있습니다

된다는 점을 말씀드리는 부분입니다.

　이후 지지선이 잡히고 저항선 역시 잡히는데, 이후 추세선까지 되는 모습입니다. 이러면 지지선 근처가 매수 타점이 된다는 사실을 알 수 있으나 추가 하락할 가능성도 있으니 분할 매수가 기본입니다. 이후 재차 하락해서 지지선 밑으로 살짝 하락하고 재차 반등하는 모습입니다. 지지가 확실해지는 순간까지 볼 수 있습니다. 즉 100% 적중이 목표가 아니라 최대한 높은 확률의 분석을 통해 투자 승률을 높이는 기법입니다.

　주식은 완승할 수 없으나 많이 이길 순 있습니다. 제가 강조하는 승률은 70% 이상인데, 50%가 아닌 이유는 하락장, 증시 폭락 같은 어쩔 수 없는 불가피한 손실이 생길 수 있기 때문이고 국내 증시는 그런 하락장이 많이 나오기 때문입니다. 같은 비중을 기준으로 70%의 익절 성공률이 나올 때까지 공부를 유지하고 비중을 줄여놓고서 투자해야 합니다. 잃고 나서 깨달으면 그땐 늦습니다.

당연하고 상식에 가까운 매수를 하라

상식에 가까운 매수를 해야 합니다. 물론 주식 자체가 변수가 많고 비상식적으로 움직이지만 가능한 남들이 보기에도 좋은 위치인 기업에 관심을 가져야 합니다. 타인에게 자신의 종목을 설명할 때 자신 있게 소개할 수 있어야 합니다.

주관적인 근거로 매수 이유를 찾았다면 이제 검증받는 과정이 필요합니다. 필수는 아니지만 반대의 근거인 매도 이유에 대해서 알아봐야 합니다. 매수를 하는 투자자가 있다는 것은 매도를 하는 투자자도 있다는 의미입니다. 매도를 하는 사람도 상식적인 매도를 할 수 있는 만큼 나와 반대 의견을 들어보고 최후 판단을 내리는 것이 중요합니다. 그렇게 근거들을 모았다면 종합적으로 분석해 매수 결정을 내립니다. 매수가 정말 이익인지 확실하게

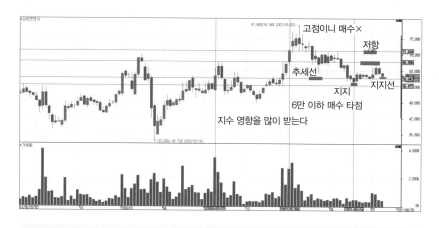

삼화콘덴서 주봉 차트입니다. 지수 영향을 받는 모습으로, 적정 매수 타점을 쉽게 잡아볼 수 있습니다

짚고 넘어가는 습관이 중요합니다. 물론 매번 검증 과정을 거칠 수 있는 것이 아니니 여유가 없다면 차트 분석이라도 하고 판단해야 합니다.

위의 삼화콘덴서 차트에서 코로나 전과 이후 주가를 보면 7만 이상은 비싼 가격입니다. 게다가 지수 역시 고점이었으니 상승보단 하락할 가능성이 크다는 걸 알 수 있습니다. 물론 효성 그룹 관련주는 지수가 하락해도 2021년 7월까지 우상향을 했지만 그런 종목이 많지 않다는 사실에 주목하고 기대수익률을 고려해야 합니다. 그렇다면 삼화콘덴서는 차트상 7만 이상은 고점, 6만 아래는 적정 매수 타점이라는 걸 알 수 있습니다.

차트를 보면 지수가 크게 하락하지 않는 이상 4만 근처까지는 하락하지 않고 5만 근처를 지지해주고 있습니다. 분할 매수를 한다면 6만 이하를 생각하고 하방 지지를 분석해서 운용하면 됩니다.

이렇게 일봉, 주봉, 월봉을 적극적으로 활용해서 당연한 매수 타점을 잡고 매수해야 합니다. 고점에 샀다가 손실을 본 경험이 있다면, 지난 기억을 되짚어봤을 때 누가 봐도 비싸게 샀다는 사실을 깨달을 수 있습니다.

　　주가 값이 싸고 비싸고는 시점 차이에 큰 영향을 받습니다. 달리 말해 지금 시점에선 주가가 저렴해 매수를 했고 저평가 가치주라 안심했더니 이후 더 크게 하락하여 손실이 커지게 되는 경우도 있습니다. 게다가 시간이 지나도 주가 회복이 안 되는 경우도 생깁니다. 한국 증시는 큰손이 들어오지 않으면 주가 상승의 시간이 오래 걸리기도 하고 손해를 볼 수밖에 없는 환경을 갖추고 있기 때문입니다. 코스피나 코스닥이 아무리 상승해도 저평가 종목들이 생겨나고 유지되는 이유 또한 특정 섹터에만 큰 돈이 몰리기 때문에 그렇습니다. 그러므로 현재 매수하는 타이밍이 전과 비교했을 때 저렴하다고 해서 무조건 성공적인 매수를 했다고 생각하지 말고, 앞서 언급한 상황이 발생할 수 있으므로 대응 방안 또한 항상 생각하고 있어야 합니다. 손절가를 잡아야 하며 장기투자를 한다면 언제까지 기다릴 수 있는지 꼭 정하세요.

한계를 결정하라

매수를 했을 때 하락해도 버틸 수 있고 추가 매수가 가능한 구간, 보유 기간 등 감당 가능한 한계를 결정한 후에 매수를 시작해야 합니다. 매매기법이나 방식에 따라 차이가 있는데, 단기 매매라면 칼손절을 기본적으로 손절가로 정하고 익절가 역시 분할 익절을 근거로 잡는 게 좋습니다. 스윙이라면 −20% 이상까지 하락해도 추가 매수를 고려해서 버틸 수 있는 종목 위주로 한계를 결정하는 게 좋고, 중장기투자를 한다면 모아갈 생각을 기준으로 얼마까지 모아가고 언제 포기할 수 있는지를 정해야 합니다.

매수를 잠시 중단할 것도 생각하면 좋고, 영원히 모을 수는 없으므로 매수의 한계를 자세하게 정해놓을수록 안전합니다. 항상 계획적인 투자를 할 생각을 가져야 합니다.

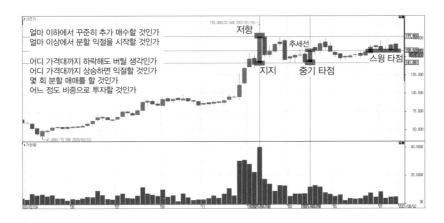

LG전자 주봉 차트입니다. 진입 시점이나 진입할 생각에 맞추어 시장 조사를 한 후에 한계를 결정하고서 진입해야 합니다

차트의 지지선과 저항선을 그려 놓으면 분할 매매 기준을 잡기 편해집니다. 시장이나 기업에게 큰 문제만 발생하지 않으면 박스권 내에서 충분히 공략할 수 있는 환경이 조성됩니다. 얼마 이하에서 꾸준히 추가 매수를 할 것인가, 그리고 얼마 이상에서 분할 익절을 시작할 것인가를 꼭 정해야 합니다. 매집을 한다고 매수만 한다고 생각할 수 있지만 매도를 통해 비중 관리와 리스크 관리를 꼭 해야 합니다. 또한 어디 가격까지 하락해도 버틸 것인지 그리고 연속적인 하락장에선 추가 매수를 하지 않는다는 기준 또한 정해놓고 매집에 임해야 합니다. 한계라는 것은 내가 버틸 수 있는 한도를 의미하는데, 잘못된 선택과 판단 때문에 버틸 수 있는데도 불구하고 비티지 못하게 되는 경우가 빈번하게 생깁니다. 그렇기 때문에 내가 최대한 버틸 수 있게 한계를 결정해야 하고 대응을 고려해야 합니다.

누구나 한계는 있습니다. 주가는 어쨌든 움직이게 되어 있고 중요한 것은 나의 한계를 스스로 정하는 일입니다. 내가 감당할 수 있는 제한선을 정하고 이를 지킬 줄 알아야 합니다. 매매기법은 돕는 역할이고 주식 공부는 투자 승률을 높여줄 뿐이지, 한계도 정하지 않고 매매하면 실수를 하기 쉽습니다. 수익을 위해 주식투자를 하는 만큼 투자의 기준과 한계를 결정해야 합니다.

일을 하더라도 노동 시간과 강도가 직업마다 다르기에 본인이 할 수 있는 정도와 없는 정도의 기준을 정해놓듯이 주식투자도 확실하게 중심을 잡고 있어야 합니다. 투자자가 중심을 잃으면 투자도 흔들립니다. 아래의 표처럼 투자 계획 속에 한계를 설정해보세요.

투자 계획

매집	16만~14만원까지 2차 매수. 나머지는 상황을 보며 판단.
손절가	13~14만원 이탈 시 상황 보며 손절.
익절가	17만원 이상부터 분할 익절 가능. 목표가는 20만원 이상.
보유 기한	최대 일 년.
투자 비중	예수금의 20%. 분할 매수는 5%씩 4회 매수.

4장

매도의 순간,
이것만은
반드시 체크하자

매도는 예술입니다. 매수보다 어려운 위치에 있습니다. 파는 사람이 늘어나거나 줄어들면 분명한 이유가 존재합니다. 그것을 찾고 분석해야 하는데, 현실적으로 어렵습니다. 그래서 기술적인 매도가 필요하고, 이후 복기하는 것이 가장 중요합니다. 매매 이후에 복습을 꼭 해서 경험으로 남겨두어야 합니다. 같은 상황이 언제든지 반복될 수 있기 때문입니다.

주가가 움직이지 않을 때 대응하는 법

저자 직강 동영상 강의로 이해 쑥쑥!
QR코드를 스캔해서 동영상 강의를 보시고
이 칼럼을 읽으면 훨씬 이해가 잘 됩니다!

의미 없이 움직이는 구간이 있습니다. 이를 '흔들기 구간' '박스권 구간'
이라 부릅니다. 이때 매수해야 하나, 매도해야 하나 고민이 많아집니다. 특
히 매도해야 하는지 고민할 때가 많습니다. 하락할 가능성이 있기 때문인데
이럴 때는 어떻게 판단해야 할까요? 100% 성공은 없으니 가능한 높은 확률
에 의존해서 분석해야 하는데 과거에 나온 거래량과 기업 분석, 시장 동향
파악을 통해 대응할 수 있습니다.

상한가 이후, 혹은 높은 상승의 장대양봉이 나오고 20일선을 이탈하지 않
으면서 눌림이 유지되면 거래량 분석 이후 공략이 가능합니다. 눌림에선 거
래량의 상승을 보면 좋기 때문에 거래량 역시 20일선을 설정하고, 20일선을
돌파하는 거래량이 나왔을 때 주가가 상승 추세면 긍정적으로 볼 수 있습

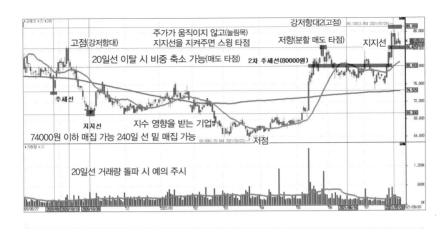

코웨이 일봉 차트입니다. 눌림일 땐 20일선, 60일선, 240일선 중 분석이 가능한 이동평균선을 설정하면 좋습니다

니다. 240일선은 매집선을 보기 위해 참고로 설정해둡니다.

　코웨이의 경우 고점을 찍고 하락한 이후 꽤 오래 장기간 하락 눌림이 이어졌습니다. 지수 영향을 받는 기업이라 하락장에서 이탈 후 저점이 나왔었네요. 추세선을 기준으로 매집 박스권을 그릴 수 있는데 지수 영향과 재료 소멸로 하락한 것이고 실적주·가치주라는 개념과 '하반기 실적 기대감'이라는 재료가 있어 스윙, 중장기투자가 가능하다는 분석입니다. 이렇게 전망이 밝은 기업의 눌림, 즉 움직이지 않을 때의 종목 대응은 모아갈 수 있는 특정 가격대를 분류해놓고 시세가 이탈하거나 돌파할 때마다 매수와 매도를 반복해 비중을 관리합니다. 그런 과정에서 손실이 생길 수 있지만 차기 시세를 노리는 것이고, 비중 관리를 하지 않고 지지선 밑으로 저점 이탈해 더 큰 하락을 하면 손실이 더욱 커지므로 비중 관리를 해야 합니다.

지지선을 이탈하지 않고 눌림목이 나오면 74,000~69,000원에서 매수할 수 있고, 74,000원 이상에서 분할 매도가 가능합니다. 이렇게 매수와 매도를 반복해 눌림목을 공략하다가 지지선을 이탈하면 저점 지지가 다시 나올 때까지 매수하지 않고, 지지선 이탈 시 비중 축소를 합니다. 판단에 따라 전량 매도하고 재공략을 합니다. 정말 길게 보거나 확신이 있다면 비중 축소를 하지 않고 저점 추가 매수를 노리는데, 저점이 어디까지 하락할지 알 수 없어서 어려울 수 있습니다. 따라서 분석을 더 많이 함으로써 확률을 높이고, 저점 이후 반등하고 다시 눌림이 나오거나 안정적인 패턴이 나왔을 때 추가 매수합니다. 이후 쌍바닥 저점이 나오고 재차 반등하는데 이때 직전 저항으로 반등하면 매수에 관심을 가질 수 있고, 지지선인 69,000원 근처를 돌파하는 양봉이 나와주면 다시 매집 타점입니다.

이후 1차 추세선까지 돌파하면서 큰 상승이 나오고 분할 매도 타점 이후 새로이 지지선이 잡히며 2차 추세선까지 잡히는 모습입니다. 시세가 한층 발전한 모습을 볼 수 있습니다. 목표가 설정을 강저항대에 해두었다면 무난하게 매도해서 익절로 공략을 끝낼 수도 있고, 혹은 더 큰 시세를 노려볼 수도 있습니다.

그런데 이렇게 시세가 상승하지 못하고 64,000원 이하로 더 하락할 수도 있고, 그렇게 되면 비중 관리를 하지 않으면 큰손실로 이어집니다. 그래서 비중 관리를 위주로 대응하는 것입니다.

눌림목을 공략할 땐 관리에 신경 써야 하고, 지지선을 지지해주는 박스권 안에선 매집 및 이탈하면 비중을 축소하거나 전량 매도하고, 매수 중단 혹은 저점 분석을 다시 해서 추가 매수합니다. 하방 지지가 잡힐 때까지는 관찰 대상으로 분류해야 합니다. 이는 주식투자에서 멘탈이 중요한 이유인데,

만약 이러한 투자가 어렵다면 비중 관리를 크게 하지 않아도 되는 안정적인 기업을 발굴해야 합니다. 하지만 증시가 워낙 변수가 많고 기업 이슈에 의해 주가가 비상식적으로 움직일 때가 많습니다. 따라서 한 번 사고 가만두는 방치형 투자보단 비중을 조절하는 관리형 투자가 훨씬 유리합니다.

감정을 버려야 되는 순간들

매도하고 추가 상승을 하거나 매도하지 못해 손해를 봤을 때 억울한 감정을 버려야만 다음 순간에 좋은 투자를 이어갈 수 있습니다. 주식을 하다 보면 팔고 나니 더 올라가고, 팔지 않으니 내려가 손실이 생기고 수익률이 하락해 사람의 마음을 뒤집어놓는 상황을 정말 많이 경험합니다. 하지만 이런 상황은 주식투자에서 매우 흔합니다. 그때마다 아쉬운 감정에 젖으면 안 됩니다. 오히려 감정을 버리고 분석을 해야 합니다.

이를 '복기'라고 하는데요, 차트는 후행성을 나타낼 때가 많은데 이때 모든 움직임이 데이터이고 확률을 분석합니다. 차트 복기는 투자 공부를 한다면 꼭 해야 합니다. 가치 분석으로 거래해도 주가의 움직임이나 거래량 동향은 차트에서 손쉽게 파악할 수 있으므로 너나 할 것 없이 복기는 필수입

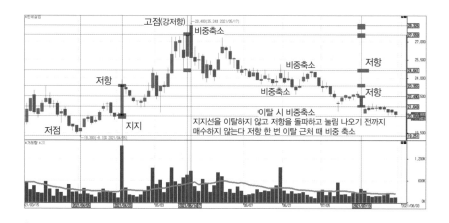

한세실업 일봉 차트입니다. 매도를 너무 일찍 했거나 타점을 놓쳤다고 끝내지 말고 분석과 복기를 해놓아야 합니다

니다. 아쉬워하고 후회할 시간에 원인을 파악하고 기록해두어 다음번에 더 좋은 매도를 하고, 효율적인 투자로 나아가야 합니다. 처음에는 어려울 수 있지만 하다 보면 실력이 늘고, 투자 승률이 상승하는 게 눈에 보이면서 재미가 붙어 긍정적이고 슬기로운 투자 습관으로 이어집니다.

위의 한세실업 일봉 차트를 보면, 첫 번째 저항 구간에서 매도했을 때 23,300원 근처에서 익절한 게 되고, 이후 주가는 28,400원까지 상승하니 약 20%의 수익률 차이가 생깁니다. 하지만 이게 아쉽다고 추격 매수를 하면 고점 매수가 됩니다. 아찔하죠? 또는 매도하지 않고 보유하다가 수익률이 낮아질 때도 있습니다. 그러므로 분할 매도를 습관화하는 게 좋고, 비중 축소를 지속하는 것이 정답입니다. 저항을 한 번 이탈할 때마다 축소한다고 생각하면 되고, 음봉으로 하락할 때 특히 해야 합니다.

지지선을 이탈하면 더 매도해서 비중을 낮추어야 합니다. 지지선을 이탈하지 않고 저항 돌파 이후 눌림이 나올 때까지 매수보다 매도 위주로 거래합니다. 이렇게 지속 분석을 진행하고 복기를 하면 데이터가 쌓이고 투자 실력이 올라가 더 나은 매도를 할 수 있습니다.

첫 번째 저항 구간에서 매도하는 것이 잘못된 것은 아니며, 주가가 의도적으로 잔인하게 움직여서 그렇습니다. 개미털기 이후 주가가 20% 더 상승한 것인데, 매번 완벽한 투자를 하기보단 익절은 언제나 옳다는 관점을 가지면 아쉬운 상황이 오더라도 감정을 비우기가 쉬워집니다. 항상 주식을 할 땐 잃지 않는 것에 의미를 두고, '익절은 항상 옳다'는 개념을 잡으세요.

손절에 집착하는 것은 오해에서 비롯된다

　같은 손절이어도 부담감이 다릅니다. 주식투자를 하면서 큰손실로 이어지게 되는 이유는 '손절하지 않아서'가 가장 많습니다. 필요할 때 칼손절을 하는 것이 중요한데, 그것을 하지 않아 장기간 보유하다가 결국 −20% 이상 하락해서 그때서야 손절하면 이를 수익으로 메꾸기가 상당히 어려워집니다. 동시에 큰손실로 이어져 쓰디쓴 투자 실패로 이어집니다. −6% 이내 손실은 금방 메꾸지만 −15% 이상부턴 극복이 어려워집니다. 오른쪽의 표를 봅시다.

　이 표에서 보듯, 100만원을 투자해서 50% 손실이 나면 남은 원금은 50만 원입니다. 이때 다시 100만원으로 만들려면 100%의 수익률이 필요합니다. 반면에 10%의 손실이 되어 90만원의 원금이 남았다면 11.11%의 수익률이

손절에 따라 복구해야 하는 수익률

3% 손실	3.09% 수익 필요
5% 손실	5.26% 수익 필요
10% 손실	11.11% 수익 필요
20% 손실	25% 수익 필요
30% 손실	42.86% 수익 필요
40% 손실	66.67% 수익 필요
50% 손실	100% 수익 필요
60% 손실	150% 수익 필요
70% 손실	233.33% 수익 필요
80% 손실	400% 수익 필요
90% 손실	900% 수익 필요

필요합니다. 이처럼 손절에 따라 복구해야 하는 수익률을 기억해야 합니다. 분할 매매와 분산투자를 강조하는 이유 또한 한 종목에 원금을 쏟아부었다가 큰손실로 이어지면 돌이킬 수 없는 결과로 돌아올 수 있기 때문입니다.

필요한 상황에선 손절하고, 가급적 40% 이상의 손절은 피합니다. 간혹 '손절 없는 투자'를 하고 싶어 끝까지 보유하려는 투자자들이 있는데, 최근 2020~2021년 증시에선 그런 원칙이 통할 수 있지만 대세 하락장이나 장기 하락장에선 굉장히 손해 보는 행동입니다. 필요할 땐 손절할 줄 알아야 하고, 확실한 손절 계획을 세울 줄 알아야 합니다.

단기 매매라면 −3~6% 손절을 원칙으로 하고, 스윙이라면 −20~30% 손절을 고려합니다. 장이 나쁘거나 추세가 별로면 스윙이어도 −6% 손절을 원칙으로 합니다. 장기투자나 저평가 우량주의 경우 상장폐지나 기업 재무나 실적 등의 문제로 주가 복구가 안 되는 경우를 제외하곤 지속 매집하는 관점이지만, 필요하다면 -30~40% 손절가를 정할 수 있습니다. 단, 하락 이유가 지수 하락 때문이거나 극복 가능한 악재라면 기다림의 미학으로 견뎌야 합니다.

장기투자는 길면 3년 이상 투자할 때도 많습니다. 처음에 진입할 때 그렇게 가능한 기업을 발굴하거나 일 년이면 일 년, 6개월이면 6개월, 딱 기간을 정해 투자하세요. 여기서 중요한 핵심은 내가 버틸 수 있고 해당 기업의 가치를 보았을 때 가능성이 있어야 한다는 것입니다.

분석 방법은 다양한데 꾸준히 영업이익이 상승하거나 재무가 건전해지는 것이 좋습니다. 우량주일수록 지수 영향을 불가피하게 받기 때문에 현재 코스피와 코스닥이 고점인지, 대세 하락이 될 것 같은지 숲을 분석하는 게 기본입니다. 지수 하락이 보인다면 아무리 좋은 기업이어도 주가가 하락한 이후 회복하는 데 오래 걸릴 수 있습니다. 주가는 지수의 위치에 따라서 기준이 달라지기 때문입니다.

코스피 2000에서 삼성전자를 예시로 가격이 6만원이었고 영업실적이나 기업 성장률이 비슷한 상황에서 코스피 3000이 되면 삼성전자 역시 지수 덕분에 7만원, 8만원 이상으로 상승할 수 있습니다. 즉 현재 주가가 온전히 기업 가치로 평가를 받은 것인지, 지수 상승효과로 주가가 상승한 것인지 판단하는 것도 중요합니다. 그 기준은 실적 대비 지난 지수에서 주가가 얼마였는지 보는 것, 동종업종의 평균 주가 상승률을 계산하는 것입니다.

그밖에 공시나 외국인 투자자들의 움직임에 따라서도 주가에 영향이 갈 수 있고, 환율이나 국제 정서에 영향을 받기도 합니다. 주식투자는 단순하게만 하면 안 되며 필요한 분석을 모두 한 후에 대응 시나리오를 만들어두는 것이 현명합니다.

하지만 앞서 표에서 보이듯이 -20% 이상의 하락부턴 손실 극복이 어려워집니다. -20% 이상 손절을 2회만 반복해도 감당하기 어려운 손해를 볼 수 있습니다. 그래서 가급적이면 스윙이나 장기투자를 할 땐 2회 연속 손절을 하면 안 된다는 생각을 꼭 가지고 투자할 기업을 발굴해야 합니다. 손절은 주식투자에서 꼭 필요한 위기 관리가 맞지만 큰 폭의 손실은 가급적 피해야 합니다.

30% 매도법을
실천해보자

　분할 매수는 금방 하지만 분할 매도는 많이들 어려워합니다. 얼마나 팔아야 하는지 갈피를 잡기도 힘듭니다. 그런 분들은 분할 매도 비율을 30%로 고정해보기 바랍니다. 즉 3분의 1 정도 매도한다고 생각하면 됩니다.

　익절하거나 손절할 때도 마찬가지입니다. 비중의 30%씩 매도하는 것입니다. A라는 종목을 1,000주를 갖고 있었다고 가정하면, 첫 매도에서 300주를 팔고 이후 남은 700주에서 또 30%인 210주를 매도해도 되고, 아니면 첫 30% 물량인 300주를 추가로 매도해도 됩니다. 이건 상황에 맞추어서 하면 좋은데 만약 좀더 주가 움직임을 봐도 되는 상황이라면 매도 이후 남은 비중의 30% 분할 매도를 고정으로 하고, 그렇지 않으면 매도 전 비중의 30% 물량의 분할 매도를 유지하는 것으로 계획합니다.

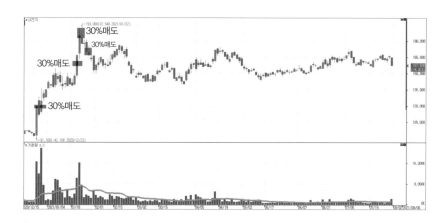

LG전자의 주가 상승 과정에서 30% 매도를 고려할 수 있는 구간입니다. 거래량을 잘 보고 하락 음봉이 어떻게 나오고 있는지 분석해보세요

어떤 구간에서 30% 매도법을 사용해야 할지 아리송하다면 전고점을 저항선으로 잡고 그곳을 넘지 못했을 때 매도하는 방법이 있습니다. 또는 2거래일 연속 주가가 하락하고 3거래일째까지 가격이 떨어지면 리스크 관리를 위해 30% 매도를 고려할 수 있습니다. 상승을 할 때도 마찬가지입니다. 더이상 오르지 못한다는 의미는 그만큼 거래량이 부족하다는 것이고, 추가 상승하기에 기업 호감도가 부족하다는 뜻입니다. 아무리 좋은 호재를 가진 우량주여도 수급이 부족하면 주가 상승의 제한이 걸립니다. 전저점을 이탈하거나 과하게 떨어졌다면 반발 매수세(저렴하다는 생각에 들어오는 수급)를 기대해볼 수 있지만 매수 공백이 장기화되면 주가가 더 크게 떨어질 수 있습니다.

전량 매도했다가 후회한 경험들이 많을 겁니다. 갑자기 급등하거나 급락하는 경우가 아니라면 분할 매도가 효율적입니다.

시장이 우선이다

"나무를 먼저 보지 말고 숲을 먼저 보라"는 주식 격언이 있습니다. 이때 나무는 종목을 말하고, 숲은 지수를 의미합니다. 삼성전자나 카카오는 나무이고, 코스피와 코스닥은 숲입니다.

지수에 포함된 종목들을 매매해 주식투자를 하는 것인데, 지수의 흐름이 나쁘면 종목들의 움직임이 전체적으로 나쁘다는 걸 알 수 있습니다. 지수가 하락하고 있다면 이에 영향을 받아 추세가 나빠지고 있는 기업들이 많다는 의미입니다. 이런 상황에서 섣부르게 매수하면 추가 하락장에서 손실이 불가피해집니다. 지수 반등 타이밍을 잘 볼 줄 안다면 역으로 이용하는 것이고, 그렇지 못하면 대열을 정비해야 합니다.

'지피지기면 백전백승'은 주식에서도 통합니다. 시장 상황을 볼 줄 알고

2021년 1월 11일부터 3월 9일까지의 코스피 차트입니다. 2021년 1~3월은 하락형 박스권 장세였습니다

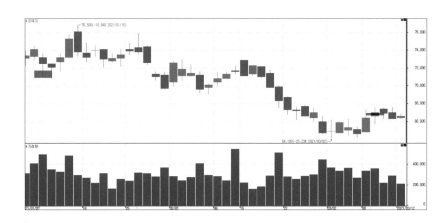

2021년 1월 7일부터 3월 12일까지의 코웨이 일봉 차트입니다. 지수와 비교해보시기 바랍니다. 지수 영향을 받는 기업의 특징입니다

잘 알고 있어야 투자 성공률이 상승합니다. 시장을 볼 때 꼭 지켜야 하는 몇 가지가 있습니다. 분석 때 응용해보기 바랍니다.

지수 영향을 받는 기업들이 생각보다 많으므로 숲을 보고 투자하면 타점 관리가 됩니다. 참고로 단기 하락이면 다행인데, 계속 떨어지는 대세 하락장이면 주가 회복이 정말 오래 걸릴 수 있습니다. 최소한 지금부터 지수를 먼저 보려고 합시다.

물론 '지수에만 의존해서 매매하면 좋다'는 의미는 아닙니다. 하지만 차트 분석을 하거나 타점을 결정할 때 숲의 상태를 먼저 살피고 나무를 봐야 실수가 줄고 승률이 올라갑니다. 단순히 지수가 오르면 사고 지수가 내리면 파는 개념이 아닙니다. 그런 수동적인 자세보단 투자 심리라고 생각하면 좋습니다. 투자를 공격적으로 하느냐 방어적으로 하느냐, 지금 모아가도 되는 타이밍인지 예수금을 챙겨야 좋은지 등 시장의 청사진을 그릴 때 유용하게 활용할 수 있습니다. 단, 지수와 무관하게 움직이는 종목들도 적지 않으니

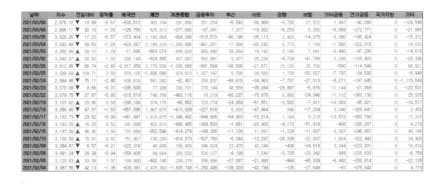

2021년 2월 4일부터 3월 9일까지의 투자자 동향입니다. 누구 때문에 지수가 약세인지 파악할 수 있습니다

내가 보고 있는 종목이 어디에 해당하는지부터 알아두세요.

보통 개인과 외국인의 투자 동향은 반대로 움직일 때가 많습니다. 참고로 개인 투자자들은 박스권 시장에서 예수금을 가장 많이 사용합니다. 중요하게 봐야 할 것이 물량 차이입니다. 외국인의 매도와 개인의 매수 중 누가 더 물량이 많은지, 다른 투자 주체들의 거래 중에서 누구 때문에 지수가 몸살을 앓고 있는지 파악해야 합니다. 왼쪽의 투자자 동향을 보면 외국인·연기금·사모·보험의 매도세가 거세고, 개인과 금융투자의 매수세가 괜찮다는 걸 알 수 있습니다.

참고로 금융투자는 단타일 때가 많아 변동성이 크고, 국내 증시에서 큰손은 외국인과 연기금이기 때문에 큰손의 매도세를 개인이 얼마나 버텨줄 수 있는지가 중요하며, 어디 하방에서 수급이 좋아지는지 분석해야 합니다. 특정 구간에서 수급이 좋아지면 그곳이 저점일 가능성이 올라가기 때문인데, 단타일 수 있으니 섣불리 판단하지 않고 경과를 보고 투자해야 안전합니다.

2020~2021년에선 스마트 개미들의 반란으로, 개인 투자자들의 매수 덕분에 증시가 오르고 하방 지지가 되었습니다. 즉 이런 상황에선 개인들의 투자 심리가 언제 꺾이고 순매수가 줄어드는지 보고, 다른 투자 주체들의 수급이 좋아지는지 살펴야 합니다. 그대로 나쁘다면 큰 하락장이 올 수 있습니다. 지수 하락을 견고하게 방어해주던 주체의 힘이 빠졌기 때문입니다. 이처럼 투자자 동향과 지수 분석을 함께 보기만 해도 시장 동향을 확인할 수 있습니다.

목표가를
제대로 설정하는 법

초보 시절에 가장 어려운 게 목표가 설정입니다. 목표가는 희망가라고 생각하면 됩니다. 기대수익률을 근거로 세우면 되는데, 이때 볼 것은 기업의 상태와 지수 그리고 차트입니다. 과거 얼마나 올랐고, 직전 고점은 얼마이고, 그때 나온 거래량과 기업 이슈, 지수 움직임을 자세히 보는 것입니다.

'주가는 회귀한다'는 말을 자주 드리는데 주가가 상승할 때도 마찬가지입니다. 지난 고점을 향해 상승하는데 목표가를 이에 맞추어 설정해두면 효율적인 매도로 최고의 수익률을 노릴 수 있습니다. 목표가 설정 방법을 이제부터 알려드리겠습니다.

직전 고점을 목표가로 보는 이유는 '매도 심리가 강했다'는 기록이 존재하기 때문입니다. 같은 구간에서 똑같이 매도가 많이 나와 주가가 상승하지 못하는 건 흔한 일입니다. 일봉과 주봉으로도 같은 방식으로 목표가를 설정할 수 있는데 큰 시세를 본다면 월봉을 먼저 분석해야 합니다. 이후 같은 방식으로 일봉, 주봉 기준 목표가를 정하고 앞서 배운 내용을 응용해 대응하면 됩니다.

목표가는 희망가이고 최종 매도가라고 생각하면 되는데, 목표가까지 가지 않을 수도 있으므로 그 부분도 대비를 해두어야 합니다. 목표가까지 가지 않으면 돌파에 실패한 저항선의 직전 지지선에서 매도해야 합니다. 다시 저항선을 돌파할 때까지 시간이 오래 걸리거나 불가능할 수 있습니다.

아래의 LG전자 차트를 보면 2020년 3월에 저점이 나왔고 그전 2018년에 고점 저항대, 2019년 평균 주가에서 저항대, 총 2개가 잡힙니다. 시세가

LG전자 월봉 차트입니다. 목표가를 설정하려면 우선 직전 고점들을 확인해야 하고, 거래량과 지수의 방향, 주가 추세를 분석해야 합니다

가까운 순서대로 1차 목표가, 2차 목표가로 설정합니다. 2차 목표가 이후는 '천정'이라고 하는데, 이는 가보지 않은 가격대를 의미합니다. 천정에 도달했을 땐 하락형 흑삼병(음봉이 3거래일 연속으로 나오고 하락하는 추세), 장대음봉 이전까지 보유할 수 있습니다. 매도한다면 지지선에서 진행합니다.

LG전자는 월봉 7월 차트 기준으로 더 가져가도 되지만 154,000원 이탈하면 매도도 가능합니다. 더 하락하거나 오래 횡보할 수 있기 때문입니다. 19만원 근처에서 3차 목표가가 나와주고 강저항대가 잡혔으니 다음 목표가는 20만원 이상으로 자동으로 잡습니다. 만약 목표가에 도달하지 못하고 하락하면 매도하거나 비중을 축소하고 재매수를 준비합니다.

목표가는 이렇게 정한다고 생각하면 되고, 나머지는 기업 분석과 차트 분석에 달렸습니다.

이 책에서 소개된 기법들을 적극적으로 활용하면 전보다 더 좋은 투자를 할 수 있을 것입니다. 예시로 나온 차트와 내용은 카페와 유튜브에서 실제로 분석하고 좋은 결과가 나왔던 종목으로 준비했으니 참고해서 실전 투자로 응용하기 전에 연습부터 먼저 해보는 것을 권장합니다.

제대로 이해하고 숙달이 된 다음에 투자를 해야 합니다. 또한 사람마다 잘 맞는 것이 있으므로 적합한 투자법을 찾고 발전시키는 게 순서입니다. 그러니 독자분들은 이 책에서 소개된 다양한 기법과 분석 방식들을 한 개씩 따라 해보고 다른 종목들에도 분석해보며 숙련이 충분히 올라갔을 때 실전으로 응용하기 바랍니다. 주식시장에 뛰어든 여러분들 모두 응원하며, 성공적인 투자를 하길 진심으로 기원합니다.